PABLO PRIETO

# DEUS E AS ARTES DO LAR

2ª edição

Tradução
Maria Theresinha Degani

Conheça
nossos clubes

Conheça
nosso site

@editoraquadrante
@editoraquadrante
@quadranteeditora
Quadrante

São Paulo
2024

Título original
*Dios y las artes del hogar*

Copyright © Pablo Prieto, 2013

Capa
Provazi Design

---

**Dados Internacionais de Catalogação na Publicação (CIP)**

Prieto, Pablo
  Deus e as artes do lar / Pablo Prieto; tradução de Maria Theresinha Degani — 2ª ed. — São Paulo: Quadrante, 2024.

  ISBN: 978-85-7465-603-8

  1. Costumes relativos à vida doméstica 2. Cristianismo I. Título

CDD-392

**Índice para catálogo sistemático:**
Costumes relativos à vida doméstica : Cristianismo 392

Todos os direitos reservados a
**QUADRANTE EDITORA**
Rua Bernardo da Veiga, 47 - Tel.: 3873-2270
CEP 01252-020 - São Paulo - SP
www.quadrante.com.br / atendimento@quadrante.com.br

# SUMÁRIO

| | |
|---|---|
| Apresentação | 7 |
| Introdução | 11 |
| Maternidade espiritual | 17 |
| Um só coração | 27 |
| Colaboração e complementaridade | 33 |
| Misericórdia | 39 |
| Servir e reinar | 45 |
| Marta, Marta | 55 |
| Inventar o espaço | 61 |
| Domesticar o tempo | 69 |
| Gestar e dar à luz | 75 |
| Criar e crescer | 79 |

| | |
|---|---|
| Visitar e receber | 85 |
| O bálsamo e as lágrimas | 89 |
| Vede minhas mãos | 93 |
| As faixas e a túnica | 97 |
| Um aposento mobiliado | 105 |
| Em meu quarto e com esmero | 109 |
| Acende uma luz e varre a casa | 113 |
| Medir e contar | 119 |
| O pão nosso de cada dia nos dai hoje | 123 |
| Servir à mesa | 127 |
| A Páscoa | 131 |
| A festa e a glória | 139 |
| Oração para oferecer o trabalho doméstico | 143 |
| Apêndice | 147 |

Às minhas irmãs,
com admiração e agradecimento.

# APRESENTAÇÃO

Faz 27 anos que me dedico às tarefas do lar. Sou dona de casa ou, como gosto de me definir, dirijo minha própria empresa: o lar. Sempre considerei uma sorte poder trabalhar naquilo que mais gosto, porque «o lar parece que *gasta*, mas na realidade *gesta*».

Em nosso lar aprendemos a valorizar o trabalho como âmbito onde desenvolver todas as nossas capacidades, onde nos transformamos. Pude descobrir o valor do trabalho em si mesmo, desligado de sua consequência lógica, o salário, porque este é o único trabalho em que não se cumpre a máxima: «todo trabalhador merece o seu salário». De fato, nós, donas de casa, não fazemos parte da população economicamente ativa. Estamos no mesmo nível que as crianças e os anciãos. Não aportamos nenhum bem à sociedade!

Já pensei em propor à minha vizinha e amiga (mãe de oito filhos) que eu fosse cuidar da casa dela e ela viesse cuidar da minha, e por esse simples «intercâmbio» de lares ambas receberíamos um salário. Assim seríamos consideradas economicamente ativas e pessoas que contribuem para o bem da sociedade. O único problema é que nós duas preferimos ficar onde estamos, pois nenhuma quer deixar o seu lar nas mãos de outra. Ainda que não nos pareça nada mal que se existisse, como tantas vezes solicitou São João Paulo II, um maior reconhecimento do trabalho no lar por parte da sociedade civil, com leis que facilitem o trabalho fora, a aposentadoria. Talvez algum dia...

Alguém poderia me perguntar: por que você escolheu ficar em casa? A resposta contém um segredo... É uma decisão que meu marido e eu tomamos faz 27 anos, antes que fossem chegando nossos sete filhos, e de comum acordo. Com plena liberdade decidimos construir um lar, criar um ambiente onde desenvolver nossa futura família, e concluímos que o melhor modo era criar esse lar a partir de dentro, sendo eu esposa, mãe e dona de casa (nessa ordem). A esta altura eu não sei dizer se fui eu quem fez este lar, ou se foi ele quem me fez. Só posso afirmar que graças a Alfonso, meu marido, nosso lar é o que é, embora nesses anos ele tenha colaborado com poucas máquinas de lavar. Nós somos os pais deste lar, mas por cima de nós está a mãe-lar, que nos gerou a todos.

O segredo do porquê decidimos que eu fosse «somente» dona de casa? Nunca quis contá-lo para não provocar a inveja à minha volta... Embora a razão fundamental é que eu não sabia expressá-lo, não encontrava palavras para contar meu segredo. Agora já as encontrei. Estão escritas neste livro. Pablo Prieto pôs palavras, e alma, no que cada dia se vive num lar: «Deus se muda para nossa casa e se senta à nossa mesa». Por isso nunca quis estar fora de casa, para o caso de que Deus viesse e encontrasse a comida ainda por preparar ou a mesa não posta.

Teresa Díez-Antoñanzas González,
coautora do livro *Pijama para dois*\*,
com seu marido Alfonso Basallo.

---

(\*) Edição brasileira: Cultor de Livros, São Paulo, 2015. (N. do E.)

# INTRODUÇÃO

Este livrinho é uma coleção de comentários e reflexões breves sobre as tarefas do lar à luz do Evangelho. São fruto de minha experiência sacerdotal, e os ofereço como um convite para aprofundar nessa dimensão da vida humana, tão rico em tesouros de espiritualidade e cultura.

Há vários motivos pelos quais um cristão, qualquer que seja sua profissão ou ofício, deveria interessar-se pelas tarefas domésticas e procurar compreendê-las a fundo (e praticá-las). Sobretudo porque a família é a primeira e fundamental realização da Igreja, e assim o lugar onde a vida cristã acontece na sua forma mais genuína. As tarefas domésticas são como a *encarnação*, sua colocação em prática, e trazem uma preciosa chave hermenêutica para discernir sua natureza, seu fim e seus valores específicos. Tal discernimento torna-se ainda mais urgente, uma vez que a família sofre hoje gravíssimos ataques que pretendem ofuscar sua identidade e mesmo destruí-la.

Em segundo lugar, interessa-nos por ser este o ofício mais desempenhado por pessoas no mundo, sobretudo mulheres, o que lhe confere uma projeção apostólica imensa, mais ainda em nosso mundo globalizado.

Contudo, apesar destas e outras razões, os trabalhos domésticos continuam despertando escasso interesse entre nossos contemporâneos. Por quê? Não é possível enumerar aqui os diversos preconceitos, alguns muito antigos, que pesam sobre o lar, mas cabe destacar dois: a mentalidade utilitarista, cega para a dimensão pessoal do trabalho, e certo dogmatismo de gênero, que interpreta qualquer diferença homem-mulher como uma construção do patriarcado. Seja como for, trata-se de um *analfabetismo doméstico*, que empobrece lamentavelmente a convivência, tanto familiar como social, e sobretudo a experiência de Deus, que, privada da ligação viva com o lar, perde suas raízes naturais mais profundas e sua seiva vital.

Como toda carência humana, a que descrevemos tem um único e definitivo remédio: Cristo. Ele é, de fato, a luz que deve ser posta *sobre o candeeiro para que ilumine toda a casa* (Mt 5, 15). E para pô-la efetivamente, para fazer patente esta *luz da casa*, que é Jesus em pessoa, é imprescindível meditar sua vida e impregnar-nos dela. Esse é precisamente o objetivo das reflexões que seguem. Matéria para isso não nos falta, pois no Evangelho abundam referências a essa esfera da vida humana. Antes de mais nada, está o exemplo de Nosso Senhor trabalhando na casa de Nazaré junto a Maria e a José. E depois a sua pregação, tão salpicada de exemplos domésticos: a mulher que faz pão, que varre ou mói, o remendo do vestido, o baú do pai de família, o administrador, os criados, os banquetes, as lâmpadas, etc. Tudo isso demonstra em Jesus Cristo uma delicada *sensibilidade doméstica*, a mesma que emprega para fundar sua Igreja e imprimir nela *ar de família*.

O problema surge ao expressar por escrito estas considerações. Porque hoje, mais do que nunca, o discurso sobre o lar apresenta-se complicado e carregado de conotações, às vezes polêmicas, sobretudo no que se relaciona com a colaboração entre o homem e a mulher. Não é este o lugar, obviamente, para esclarecer tão delicada questão, mas é inevitável tomar posição perante ela, mesmo para uma consideração meramente espiritual e ascética do lar, como é o nosso caso. O critério que nos pareceu mais equilibrado a este respeito, e mais de acordo com a antropologia cristã, foi o de empregar a expressão «dona de casa» e outras similares *num sentido muito amplo*, que inclui todo membro da família enquanto responsável pela realização prática do lar, seja homem ou mulher. Se bem que a mulher representa o lar de modo paradigmático, em virtude de certo simbolismo inerente à sua pessoa, nem por isso a casa deixa de ser incumbência de todos. Somente com a colaboração de cada um segundo suas circunstâncias o lar resplandece como o que é: organismo vivo, comunhão de pessoas, e primeira e fundamental realização da Igreja. Um desenvolvimento mais detido dessa perspectiva pode ser encontrado pelo leitor no breve artigo que figura no Apêndice deste livro. Ali procuramos esboçar, à luz da antropologia personalista, os traços que configuram o trabalho doméstico e os princípios que regem sua atividade.

Mas, mais do que a antropologia personalista, a verdadeira inspiração destas meditações procede dos ensinamentos de São Josemaria Escrivá sobre a santificação do trabalho ordinário. Ensinamentos que, no que diz respeito ao trabalho do lar, vi encarnados admiravelmente em inúmeras mulheres do Opus Dei. Estas páginas são um testemunho de admiração e agradecimento a elas.

Pablo Prieto Rodríguez,
Saragoça, 8 de março de 2013
Dia Internacional da Mulher

# MATERNIDADE ESPIRITUAL

## 1

**Vi também a cidade santa, a nova Jerusalém, que descia do Céu de junto de Deus, ataviada como noiva que se adorna para seu esposo. E ouvi uma forte voz procedente do trono que dizia: Eis aqui a morada de Deus com os homens!** (Ap 21, 2-3) — A Sagrada Escritura apresenta a morada definitiva e perfeita em forma de mulher. E nossa morada terrena e temporal, acaso não participa de algum modo nesse desígnio? Sim, o lar é um certo mistério feminino que envolve e ultrapassa a própria mulher que habita nele.

Pois bem, essa *mãe grande*, que é o lar, está composta de diversos membros — homens e mulheres — igualmente responsáveis desta obra comum. Todos, e não somente as mulheres, tornamos patente o sinal divino que é o lar: uma *maternidade feita de complementaridade*.

## 2

Maternidade espiritual é a *disposição constante e universal para gerar o homem*. Embora não exclusiva da mulher, sua forma mais acabada e intensa se dá nela. Pois o modo feminino de tratar as pessoas é um certo gerar: acolher para dentro e gerar para fora. Quando uma mulher vê uma pessoa, adota-a com o coração.

## 3

**Uma mulher laboriosa, quem a encontrará? Vale muito mais que as pérolas...** (Pr 31, 10). — O trabalho doméstico expressa e realiza admiravelmente o gênio feminino, pois a mulher personifica o lar e o converte em prolongação de seu regaço.

Agora, isso que atribuímos à mulher no plano do simbólico e ideal é responsabilidade de todos nós no plano do prático e imediato. Cada um a seu modo e segundo suas circunstâncias está implicado na trama de serviço, respeito e delicadeza que são as tarefas do lar.

# 4

**Também Isabel, tua parenta, concebeu um filho na sua velhice... pois para Deus nada é impossível** (Lc 1, 36). — Uma concepção é aqui a profecia de outra concepção, e uma mãe vaticina outra. Assim quer Deus demonstrar seu senhorio e sua grandeza, pois o autêntico poder não está na eficácia, mas na fecundidade: não consiste em *fazer coisas*, mas em *dar vida*. Daí que o estado mais glorioso a que pode aspirar um ser humano — na ordem natural — é ser mãe.

E no plano sobrenatural sucede de modo análogo, pois o que é uma vocação divina senão certa forma de *maternidade espiritual*, mais intensa que a da carne? E no caso da mulher, o que são a virgindade, o apostolado, a dedicação aos pobres senão uma *intensificação de sua vocação materna*?

# 5

*Pannis involutum, velatum sub carne vidébimus* (Hino *Adeste fideles*). — Em Belém o vemos *involutum* e *velatum*, envolto em panos e velado pela carne. E apesar desse duplo envoltório, ou melhor, precisamente por ele, se nos fez patente a Encarnação. Os paninhos de que a Virgem cuidava, de fato, longe de obscurecer o mistério dessa carne, a honram e a confessam como divina. E que são esses paninhos senão síntese e semente de todo o lar? O que é envolver o bebê senão um resumo de todas as tarefas da casa? Tarefas que, vividas com fé, prolongam o gesto de Maria: envolvem Cristo e o entregam às almas, velam por Ele e o revelam.

## 6

Atenção a essa matrona judia que se levanta entre a multidão, essa *mulher do povo*, fogosa e enérgica. Seu coração materno não pode conter-se à vista de Jesus e exclama: «**Feliz o ventre que te trouxe e os peitos que te amamentaram!** (Lc 11, 27-28), feliz esse corpo de mãe que é como o meu; nela, em Maria, também me sinto tua mãe».

Assim disse a *mulher do povo*, por cuja boca falava o autêntico Povo, ou seja, a Igreja, que ela personificava sem se dar conta. Em Jesus as mulheres se entendem, as mães se solidarizam e as esposas geram a Igreja.

## 7

Ele respondeu: «**Felizes, sobretudo, são os que ouvem a Palavra de Deus e a põem em prática**» (Lc 11, 28). — E que palavra é essa? Cristo, o Verbo encarnado. Portanto, *escutar a palavra* é concebê-lo e gestá-lo, como fez Maria. E que é *guardar a palavra*? Fazê-la crescer, como a mãe que cria o bebê dando-lhe o peito.

A resposta de Jesus é, no fundo, um elogio filial: Feliz minha Mãe, que realizou com sua alma o que significou com seu corpo!

## 8

**Até o pássaro encontra casa e a andorinha o ninho, onde pôr os filhotes, junto a teus altares, Senhor dos exércitos, meu rei e meu Deus** (Sl 84, 4). — Altar, ninho e casa têm uma coisa em comum: estão abertos ao céu, são construídos em função das alturas. No altar oferecemos a Deus nossas vidas como incenso de suave odor, e no lar, ninho de eternidade, ensaiamos o voo definitivo em direção a sua Presença...

## 9

*Vocação de ninho.* — Ninho não é cama, nem sofá com almofadas fofas, onde a pessoa pode se acomodar preguiçosamente. Ninho é o lugar onde se fica o tempo imprescindível para nascer, para crescer, e para voar: para perder o medo de altura, e lançar-se finalmente ao céu.

Daí que a mãe tenha vocação de ninho. A mulher aninha os filhos, o marido, e todos os que adota com seu amor, o que não é amolecê-los com mimos e comodidades. O ninho é essa rara forma de ternura que cria fortaleza, de suavidade que produz rijeza, de proteção que incita à coragem: coragem de voar!

## 10

**Quantas vezes quis ajuntar os teus filhos, como a galinha abriga a sua ninhada debaixo das asas, mas não o quiseste...!** (*Chorando sobre Jerusalém*, Lc 13, 34). — Esse sentimento de delicada ternura está arraigado no coração rijamente varonil de Nosso Senhor. Porque a maternidade espiritual é um traço da alma sacerdotal, que transcende a diferença dos sexos. Os homens também o encarnam a seu modo, especialmente quando colaboram na atenção à família.

## 11

**O sol brilha no céu do Senhor; a mulher bela, em sua casa bem arrumada** (Eclo 26, 16). — No sistema planetário o sol parece estático e passivo. Os que se movem incessantemente são os planetas, girando sobre si mesmos e descrevendo suas órbitas. No entanto é o sol, com sua energia inesgotável, quem os põe em movimento e lhes comunica luz e calor. Assim a mulher.

## 12

**O Reino dos céus é comparado ao fermento que uma mulher toma e mistura em três medidas de farinha e que faz fermentar toda a massa** (Mt 13, 33). — Essa massa representa todas as tarefas domésticas. Por meio delas, a mulher toma em suas mãos a própria casa, e com ela, os seus moradores. Acrescentando o fermento de sua feminilidade, humaniza a massa doméstica, informa-a com seu espírito, torna-a elástica, homogênea, saborosa. Em última análise, faz o que Deus fez com o barro primitivo com que modelou o homem.

## 13

**Eis aí o teu filho... Eis aí a tua mãe** (Jo 19, 26-27). — Ao pé da Cruz, Salomé, mãe natural de João, aceitou de bom grado ser substituída por Maria, pois tal substituição, longe de obscurecer sua maternidade, a intensificava. E assim é, com efeito: quanto mais somos de Maria, mais pertencemos à nossa própria mãe.

## 14

**... E dessa hora em diante o discípulo a levou para a sua casa** (Jo 19, 27). — Qual é a casa do apóstolo São João? A mesma em que vivia sua mãe natural, Salomé? Ou era uma casa própria? Seja como for, a partir desse momento ficou transformada pela presença de Maria, mãe espiritual de João. Pois se Cristo, da Cruz, tinha unido ambos com novo parentesco, como esse fato não se refletiria no espaço em que habitavam? Novo filho, nova mãe, e portanto novo lar.

E por isso, desde então, Maria viveu as tarefas daquele novo lar em continuidade com o mistério da Cruz, do qual, de certo modo, tinham nascido. Simples e comuns, continham toda a força salvadora da Páscoa. De modo que, enquanto seu filho adotivo, João, pregava entre as multidões, Ela colaborava na Redenção discretamente na cozinha e no tanque, e com uma eficácia talvez maior.

# UM SÓ CORAÇÃO

## 15

**Aquele, pois, que ouve estas minhas palavras e as põe em prática é semelhante a um homem prudente, que edificou sua casa sobre a rocha** (Mt 7, 24). — Certo: as palavras de Jesus formam uma casa, mas também a casa cristã é, ela própria, palavra viva do Senhor: verbo tangível e habitável, síntese de tijolos e corações, de utensílios e biografias. Tudo isso proclama Cristo com mais eloquência que o melhor sermão.

## 16

**Sua voz era como o ruído de muitas águas** (Ap 1, 15). — Como uma cascata, incessante novidade na permanente identidade: assim é Cristo. Sua voz tem infinitos matizes, sua Pessoa é eternamente fiel.

Oferecendo a Deus seu trabalho, a dona de casa traduz esse mistério à linguagem multiforme e variadíssima do lar. Assim, através da humilde *voz das coisas* — instrumentos, móveis, utensílios —, Cristo proclama o seu Evangelho. Ele, Palavra divina, nos interpela com todos os sons, cores, tatos, movimentos e sabores de nossa própria casa.

## 17

**O Espírito do Senhor enche o universo, e ele, que tem unidas todas as coisas, ouve toda voz** (Sb 1, 7). — Cada tarefa tem sua voz, anuncia, a seu modo, a mesma mensagem. Atenção às crianças, limpeza, cozinha, decoração, tábua de passar, lavanderia, compras, etc.: cada uma é exercida com sua técnica própria, com seu «som» espiritual característico. Mas tudo se integra numa música comum, à maneira dos instrumentos de uma orquestra.

Pena que nem todos saibam *escutar o lar*, nem todos estejam dispostos, pelo menos, a tentar escutá-lo!

## 18

**Recolhei os pedaços que sobraram, para que nada se perca** (Jo 6, 12). —

Preparar e recolher; dispor e retirar; tirar e guardar; pôr e tirar: é o ritmo da casa, sua vibração constante, seu pulso vital. Sem esta sístole e diástole silenciosa o organismo familiar desfaleceria. Ainda bem que a administração doméstica, verdadeiro coração da família, renova o sangue comum e o bombeia a todos os membros. Nossa vida está em suas mãos.

## 19

A dona de casa tem um estetoscópio que aplica a tudo: à cozinha, às contas, à roupa, à limpeza, à decoração, às plantas... Em todos os recantos percebe o palpitar de um único coração: a família. E o amor afina o seu ouvido de doutora e cirurgiã, para detectar a mínima enfermidade e curá-la.

## 20

As coisas domésticas são ecléticas e sincréticas. Como num guisado, integram elementos díspares, mas respeitam o sabor de cada um: o técnico, o artístico, o econômico, o cívico, o pedagógico, o ético, o lúdico e o catequético. Não misturam: combinam. Não confundem: conjugam. Não igualam: harmonizam.

## 21

**Sua mãe guardava todas estas coisas no seu coração** (Lc 2, 51). — Conservava as palavras e ações de Jesus conservando suas coisas, velando pelo seu bem-estar, governando sua casa. Guardava a alma do Filho à base de guardar diligente, primorosamente, o seu corpo.

## 22

**Não se acende uma luz para colocá-la debaixo do alqueire, mas sim para colocá-la sobre o candeeiro, a fim de que brilhe a todos os que estão em casa** (Mt 5, 15). — Essa luz que nos permite ver o rosto uns dos outros tem, ela mesma, rosto e nome próprios: Cristo. E o candeeiro que a sustenta é também realidade viva e pessoal: nós, toda a família, quando colaboramos no lar.

## 23

**Pensando que ele estivesse com os seus companheiros de comitiva, andaram caminho de um dia e o buscaram entre os parentes e conhecidos** (*Jesus perdido em Jerusalém*, Lc 2, 44). — Na caravana da vida, parentes e conhecidos compartilham muitas coisas: cultura, tradições, lembranças, vizinhança, compromissos, dores, alegrias... Apesar das diferenças de idade, caráter e condição, formamos com todos o ambiente onde o homem cresce e se abre à vida.

**E o buscaram entre os parentes e conhecidos...** Sim, é por aí que deves começar! Para encontrares Cristo no Templo, começa buscando-o na tua casa. Procura primeiro na família e acabarás encontrando-o no altar...

# 24

**E, apontando com a mão para os seus discípulos, acrescentou: Eis aqui minha mãe e meus irmãos** (Mt 12, 49). Jesus agora estende o carinho que viveu em sua família aos discípulos. E aquela casinha de Nazaré tornou-se universal, eterna e indestrutível. A Igreja tem «jeito» de lar.

# COLABORAÇÃO E COMPLEMENTARIDADE

## 25

**Partindo Jesus dali, dois cegos o seguiram, gritando: Filho de Davi, tem piedade de nós!** (Mt 9, 27) — Cegueira semelhante se dá com frequência no trabalho em equipe. Os companheiros, por passarem tantas horas juntos discutindo as coisas do ofício, tornam-se incapazes de ver-se mutuamente com objetividade; o juízo sobre o outro se deforma, os ânimos se crispam e, finalmente, a língua dispara. A convivência intensa que deveria facilitar a amizade, paradoxalmente, a atrapalha. Aqueles que mais poderiam servir um ao outro acabam por ferir-se.

Por isso é preciso gritar com os cegos: **Tem compaixão de nós!** Quebra, Senhor, este grilhão do pecado com que, ao amar-nos, nos algemamos; ao ajudar-nos, tropeçamos; ao cuidar, ferimos; ao buscar-nos, nos chocamos...! E como remediar isso senão abrindo os olhos para ti? Une-nos vendo-te!

## 26

**Senhor, queres que mandemos que desça fogo do céu e os consuma?** (Lc 9, 54) — Os samaritanos negam hospitalidade ao Senhor e os discípulos se enfurecem.

Como é fácil condenar uma casa que não vai bem, fulminá-la com nossas críticas! O difícil, em contrapartida, e o verdadeiramente necessário, é melhorá-la com a caridade e o trabalho, colaborar com a sua restauração.

## 27

**E achava-se ali a mãe de Jesus** (*Nas bodas de Caná*, Jo 2, 1). Onde quer que haja um lar está Maria. *Ali* revive o mistério da Encarnação, dá à luz a Cristo em nós, O cria e leva à maturidade. Mas esse *ali* tem de ser realizado por nós com o carinho e a colaboração.

## 28

**Disse, então, sua mãe aos serventes: Fazei o que ele vos disser** (Jo 2, 5). — Este *fazer* de Maria é a ponte que une os homens daquela sala — o mestre-sala, os serventes — com Jesus.

O mesmo ocorre em todas as famílias. Colaborando com as mulheres (e não só «ajudando-as»), nós homens nos entendemos melhor com Cristo... e fazemos até milagres!

## 29

**... E dessa hora em diante o discípulo a levou para a sua casa** (*João junto à cruz*, Jo 19, 27). — Receber Maria não é só oferecer-lhe um lar, mas converter a si mesmo em lar para os outros; converter-se em instrumento de Maria para tornar operativo o seu poder materno. No lar de João, Ela se serve de suas mãos varonis.

## 30

**Sejam nossos filhos como as plantas novas, que crescem na sua juventude; sejam nossas filhas como as colunas angulares esculpidas, como os pilares do templo**

(Sl 143, 12). — Sim, a mulher é coluna, espinha dorsal, viga mestra, mas não porque lhe caiba *suportar* o peso de todo o edifício, mas porque ela marca a *altura* dele, lhe confere sua dimensão humana e sua estrutura de lar.

## 31

As flores, galanteios e beijos de quando eram namorados, as horas mágicas à luz da lua. Não é que se tenham esfumado agora, depois do casamento; só requerem um apoio menos idílico: o trabalho compartilhado, o serviço mútuo, a perseverança nos detalhes... Numa palavra: as tarefas do lar. Nelas, os esposos cristãos renovam o amor que os uniu para sempre; colaborando na casa, continuam dizendo o mesmo que antes — *te amo, sou para ti, me entrego* —, mas com uma linguagem nova.

## 32

Dona Atarefada, que perfeccionista! Hiperativa, maníaca, deixa todos nervosos e se queixa de que ninguém ajuda.

Certo, mas também existe o Senhor Tranquilo, que se acha franco, simples e bem-disposto: fora as formalidades! Ninguém tão alegre e agradável como ele. No entanto, seus contínuos descuidos deterioram paulatinamente a convivência: o escritório desordenado, as luzes acesas, o almoço sem recolher, os cinzeiros sujos, os banheiros inapresentáveis... Será que o Senhor Tranquilo não poderia abrir mais os olhos?

# MISERICÓRDIA

## 33

**Destes-me de comer..., de beber..., me acolhestes..., me vestistes..., me visitastes...** (Mt 25, 35-36). — A parábola do Juízo Final faz a salvação eterna depender de gestos como proporcionar comida, bebida, roupa, companhia, etc., de modo que as outras ações se tornam verdadeiramente meritórias na medida em que se pareçam com essas. A atenção ao próximo em sua corporeidade apresenta-se aqui como paradigma de toda obra digna de recompensa divina. Não é de estranhar, já que desde a Encarnação até o fim dos tempos, o corpo humano é o eixo da Redenção: *caro salutis est cardo*, diziam os primeiros cristãos: «a carne é o eixo da Salvação».

Essa verdade ilumina o valor espiritual das tarefas domésticas. Nesses trabalhos, simples e modestos, nós, cristãos, encontramos a pedagogia suprema do mistério de Cristo.

## 34

**Sede misericordiosos, como também vosso Pai é misericordioso. Não julgueis, e não sereis julgados; não condeneis, e não sereis condenados; perdoai, e sereis perdoados; dai, e dar-se-vos-á. Colocar-vos-ão no regaço medida boa, cheia, recalcada e transbordante** (Lc 6, 36-38). — Lugar do homem nascente e débil, no regaço se cumpre plenamente este «dar e vos será dado», este *receber dando*. Assim acontece tanto no seio materno como no seio de Deus, que é a Igreja.

De um e outro participamos por meio da caridade. Se és caritativo, Deus alargará em ti o espaço cálido e nutritivo onde acolher o próximo; abrirá em tuas entranhas o espaço onde derramar sua graça, embora isso suponha dilaceração e dor.

## 35

**Não vos aflijais, nem digais: Que comeremos? Que beberemos? Com que nos**

**vestiremos?** (Mt 6, 31) — O repertório interminável das preocupações humanas está resumido por Cristo nessas preocupações, tão domésticas: o alimento e o abrigo.

Remediar tais carências, por conseguinte, é o melhor modo de abarcar com a intenção todas as demais. O trabalho do lar, verdadeiro *atalho de misericórdia*, nos solidariza com a humanidade inteira, e nos permite sentir suas angústias no coração do Senhor.

## 36

**Aquele que perder a vida, por minha causa, reencontrá-la-á** (Mt 10, 39). — Administrar é *possuir dando*; conservar o que se tem à força de entregá-lo.

Esse milagre, tão característico do lar, só se cumpre plenamente de um modo: *por amor a mim*, quer dizer, amando em Cristo e por Cristo cada membro da família.

## 37

**Na hora, porém, em que os homens repousavam, veio o seu inimigo, semeou joio no meio do trigo e partiu** (Mt 13, 25). — O pior inimigo do homem não é a desordem, de maneira alguma; mas a soberba em todas as suas formas, especialmente o perfeccionismo. O perfeccionismo, querer fazer tudo mesmo à custa da caridade, é um joio tanto mais pernicioso quanto mais disfarçado de responsabilidade.

Fecundo, pelo contrário, é aceitar que todos os dias na casa... não fazemos tudo. Essa humildade sim é que é trigo limpo do lar.

## 38

**Azeite e vinho** (Lc 10, 34). — Com substâncias tão culinárias, mais que curar, diríamos que o bom samaritano alimenta a ferida. E o que é a dor senão uma espécie de boca? E o que o enfermo mendiga senão o pão da saúde?

## 39

*Lugar da verdade*, em casa cada pessoa se revela como é, com seus defeitos e virtudes, sua vocação e seu mistério. Em nenhum outro lugar *o próximo é mais próximo*.

## 40

**Conferiu-lhes o poder de expulsar os espíritos imundos e de curar todo mal e**

**toda enfermidade. [...] O operário merece o seu sustento** (Mt 10, 1-10). — Milagre e ofício, ação divina e trabalho profissional não se contrapõem, muito menos no lar. Nele os milagres mais belos — conversões, vocações, perseveranças, fidelidades, sacrifícios, reconciliações — são provocados pelo trabalho perseverante e ordinário de cada dia.

# 41

**Mas segurando ele a mão dela, disse em alta voz: Menina, levanta-te! Voltou-lhe a vida e ela levantou-se imediatamente. Jesus mandou que lhe dessem de comer** (Lc 8, 54-55). — Do túmulo para a mesa, da mortalha para a toalha de mesa: ordenando assim, Jesus parece interpretar a morte como uma espécie de fome, e a comida como um complemento da ressurreição.

Pois a comida, com efeito, não só mantém a vida como a celebra. E tomada com fé contém uma profecia da vida futura.

# 42

**Jesus mandou que lhe dessem de comer** (Lc 8, 55). — «Completai o meu com o vosso, o extraordinário com o ordinário, minha obra redentora com a vossa tarefa de pais. Que esta menina perceba a ressurreição como o *menu* de sua casa, o pão de seu lar. Pois a vida que lhe devolvo é a mesma que vós, os pais, mantendes e guardais».

# SERVIR E REINAR

## 43

Dos vinte mistérios do Rosário, o que melhor representa Maria como dona de casa é o último: sua Coroação como Rainha do universo. Pois seu triunfo no Céu é consequência lógica de seu trabalho em Nazaré, onde a magnanimidade da sua alma dava forma até a tarefa mais miúda. Tanto ali, entre os vizinhos de sua aldeia, como agora, entre os anjos de Deus, o lema de sua vida permanece idêntico: *servir é reinar*.

## 44

Segundo mistério gozoso: «A substituição de Nossa Senhora à sua prima santa Isabel». — Pois mais do que uma visita, com efeito, o que Maria faz na casa da sua prima, anciã e débil, é cobri-la nos diversos trabalhos da casa, pôr-se em seu lugar. Mas com tanta discrição e delicadeza, com tanta alegria e naturalidade, que parecia desfrutar do trabalho, que na realidade era árduo e fatigante.

Assim acontece sempre no lar: a autêntica substituição parece uma visita.

## 45

**Maria ficou com Isabel cerca de três meses. Depois voltou para casa** (Lc 1, 56). — Ficou o tempo necessário, nem um minuto a mais, a fim de que a glória recaísse em seus parentes e não nela. *Ir, servir e sair* continua sendo a norma que preside o ofício doméstico, bem como o ministério sacerdotal.

## 46

**Estava ali a mãe de Jesus** (*Bodas de Caná*, Jo 2, 1). — Antes de qualquer outra coisa, *estava*. É certo que também fazia, mas seu trabalho diligente — atender aos convidados, ajudar com a comida, orientar os criados — passava despercebido.

Essa delicada discrição é característica do trabalho do lar. A atividade se recapitula na presença: o fazer se reabsorve no estar. Faz-se o que se deve para que as pessoas sejam o que são.

## 47

**O chefe dos serventes provou da água tornada vinho, não sabendo de onde era...** (Jo 2, 9). — Um sabor sem saber: um gosto delicioso cuja fonte secreta se nos escapa.

Assim a administração doméstica: o véu do ordinário cobre modestamente o extraordinário para que o milagre seja, assim, mais divino.

## 48

**... não sabendo de onde era (se bem que o soubessem os serventes, pois tinham tirado a água)** (Jo 2, 9). — Por que o calavam? Por acaso o Mestre ordenou? Melhor, a reverência ante o divino lhes inspirou este silêncio: que fale Deus com suas obras, não nós.

Que falem as obras! Eis o mote de quem se ocupa do lar, as mãos que fazem e desaparecem. Quanto mais sabem, mais calam.

## 49

**O Reino dos céus é comparado ao fermento que uma mulher toma e mistura em três medidas de farinha** (Mt 13, 33). — És fermento do teu próprio lar. Ele toma corpo e se torna esponjoso, moldável, saboroso, na medida em que desapareces nele.

## 50

**Pois qual é o maior: o que está sentado à mesa ou o que serve? Não é aquele que está sentado à mesa? Todavia, eu estou no meio de vós, como aquele que serve** (Lc 22, 27). — Como quem vê, ouve, sabe e sente, mas cala; como quem traz o que é bom e recolhe o que sobra, o que não agrada, o desordenado, o sujo. Em suma: «Estou e atuo na Igreja como a administração doméstica, que está em tudo sem aparecer em nada».

## 51

Quem serve gosta de passar despercebido, para não ofuscar seu sacrifício com a vanglória ou a presunção.

Agora bem, a sua desaparição não o converte em anônimo e impassível, eficaz como um eletrodoméstico, mas sem rosto nem liberdade. Pelo contrário, por discreto e desinteressado que seja, o autêntico serviço amadurece a personalidade e torna o coração mais sensível às necessidades do próximo, e mesmo mais vulnerável à ingratidão e ao desprezo.

## 52

**Bem-aventurados os servos a quem o senhor achar vigiando, quando vier! Em verdade vos digo: cingir-se-á, fá-los-á sentar à mesa e servi-los-á** (Lc 12, 37). — A Volta gloriosa de Jesus vai surpreender-nos como um prato magistral, servido por Ele mesmo; um prato em parte novo, pois pertence à eternidade, e em parte pressentido, pois já na terra nos chega seu aroma através da Igreja.

## 53

Dentro do lar o serviço não é exclusivamente *profissional*, definido por critérios econômicos, nem muito menos *servil*, próprio de escravo, mas um serviço *soberano*, sinal e fruto do dom de si, livre e responsável.

## 54

**Acompanhavam-no os doze e algumas mulheres: Maria, chamada Madalena..., e Joana... e Susana, e outras muitas que o**

**assistiam com seus bens** (cf. Lc 8, 2-3). — Com seus bens, porque servir, mais que dar o que se tem é empregá-lo sabiamente. Aquele que serve lança mão dos meios de que dispõe, se cinge às possibilidades reais, se faz cargo da situação, administra o que há; numa palavra, põe o mundo em andamento, fazendo-o girar em volta do necessitado.

## 55

Para *servir a*, ou seja, para a dedicação amorosa, é necessário *servir para*, ou seja, a competência profissional. Não basta querer dar e ter o que dar, é necessário também aprender *como* dar.

## 56

**Achavam-se ali também umas mulheres... que o tinham seguido e o haviam assistido, quando ele estava na Galileia** (*Ao pé da Cruz*, Mc 15, 40-41). — Serviam seguindo-O; era um serviço em movimento, com uma direção e um sentido. Porque o melhor modo de seguir é servir. Assim demonstraram essas mulheres, as primeiras ao pé da Cruz. Quem começa servindo acaba chegando.

## 57

O trabalho doméstico é vacina contra o vitimismo. Vitimismo é exagerar o que se teme, convertendo os pequenos espinhos em cruzes: o que pesa, o que cansa, o que importuna, o que irrita.

No lar, pelo contrário, enfrentamos essas miudezas com aquela rara forma de coragem que é a paciência.

## 58

**E ao que te tirar o manto, não impeças de levar também a túnica** (Lc 6, 29). — A quem te pede um serviço profissional ou técnico (representado pelo manto, que é a roupagem externa), oferece também um serviço pessoal e espiritual (a túnica, que é a veste mais íntima). Dar o manto é certamente meritório, mas dar a túnica significa desnudar a tua pobreza e a tua fragilidade, converter-te em mendigo do próximo, inclusive expor-te à sua possível ingratidão...

## 59

**Viu a sogra de Pedro de cama com febre; tomou-a pela mão e a febre a deixou. Ela então se levantou e pôs-se a servi-lo**

(Mt 8, 14-15). — Levanta-se porque contemplou Jesus e O serve para continuar a contemplá-lO. O olhar que a curou, a mão que a levantou da prostração: como retê-los sem *cultivá-los*, sem traduzi-los em trabalho? O serviço, sobretudo em casa, é sinal e fruto da contemplação.

## 60

*Servir e salvar*. — Servindo ao seu Salvador, a sogra de Pedro passou de *salva* a *salvadora*. Pois cuidando daquela casa — talvez com Maria e as outras mulheres — que fazia senão preparar o encontro dos outros com Jesus? E assim, as tarefas pelas quais lhe veio a graça transformaram-se em instrumento para transmiti-la a outros. Recebeu a salvação como um serviço, e acabou vivendo o serviço como uma salvação.

## 61

**Depois de terdes feito tudo o que vos foi ordenado, dizei: somos servos inúteis, não fizemos mais que o que tínhamos que fazer** (Lc 17, 10). — Servos inúteis, e nessa mesma medida, *artistas eficazes*. *Inúteis* enquanto reconhecemos nossos limites, mas *artistas*, porque deixamos Deus transparecer, o que só se consegue com criatividade, engenho e elegância.

Servimos em nossa casa, sim, procurando cumprir a Vontade de Deus: por isso somos geniais! Quem é mais livre do que nós?

# MARTA, MARTA

## 62

**Senhor, não te importas que minha irmã me deixe só a servir? Dize-lhe que me ajude** (Lc 10, 40). — Marta pelo menos pede ajuda. Porque há outras *Donas Atarefadas* que se encastelam em sua azáfama e nem reconhecem seus limites nem admitem colaboração. Quando se queixam, é para despertar compaixão, e assim alimentar seu ego.

Às vezes, de fato, custa mais pedir ajuda do que ajudar. E mais ainda entre irmãs. Ainda bem que Jesus está entre nós: «Dize-lhe que me ajude..., ou pelo menos ajuda-me a dizer».

## 63

Marta, Marta, andas muito inquieta e te preocupas com muitas coisas; no

**entanto, uma só coisa é necessária** (Lc 10, 41-42). — Marta tinha deixado de perceber o *unum necessarium*, o *palpitar* comum a todas as tarefas domésticas. Como médico que se esquece de tomar o pulso, sentia a casa como um corpo dolorido, ao qual não sabe diagnosticar a doença nem devolver a saúde.

Maria, pelo contrário, afasta-se um tempo do trabalho para auscultar melhor o que acontece nele. **Sentada aos pés de Jesus para escutar sua palavra** (Lc 10, 39), compreende seu lar como um todo vivo e santo que palpita em uníssono com o sagrado Coração.

## 64

Quando se trabalha por amor, as mãos «escutam» mais que os ouvidos. Entende-se mais o próximo servindo do que ouvindo.

## 65

**Andas muito inquieta e te preocupas com muitas coisas...** — «As *coisas* ocultam-te as *pessoas*. Querendo servir-me, me perdes; quanto mais cuidas de mim, mais me esqueces. Preparas com grande esforço nosso encontro, mas ao fazê-lo, tu mesma te isolas. De tanto pensar nos meios, esqueceste os fins».

## 66

Maria aprofunda na raiz, Marta se perde nos ramos. A ação de Maria ainda não começou, mas será intensa e frutífera; o que Marta faz agora é chamativo e ruidoso, mas estéril.

## 67

**Escolheu a melhor parte.** — A «melhor parte» não é deixar de trabalhar, mas *habituar-se a contemplar*. Ora, a contemplação não se opõe ao trabalho, mas é sua raiz. Quem se relaciona com Deus e medita sua Palavra deseja ardentemente traduzi-la em obras, encarná-la em trabalho bem feito, útil e belo.

## 68

**Quando foi que te vimos com fome, com sede, peregrino, nu, enfermo, ou na prisão e não te assistimos?** (Mt 25, 44). — Nem sempre *assistir* é *fazer*, e menos ainda no lar. *Fazer muitas coisas*, úteis e mesmo necessárias, não é suficiente para *assistir* o próximo. Mais ainda: às vezes *assistir* implica *abster-se de fazer*, deter-se, suspender toda ocupação prática para acompanhar, tranquila e sossegadamente, a quem necessita: o enfermo, a criança, o ancião, o atribulado, o visitante.

Por isso, Maria de Betânia, **sentada aos pés do Senhor escutando sua palavra** (Lc 10, 39), fazias as vezes de dona de casa tanto ou mais do que Marta. Assistindo Jesus com seu interesse e amabilidade, não desempenhava menos o ofício doméstico do que a irmã, atarefada na cozinha. Certamente o almoço que Marta preparava era indispensável para os hóspedes cansados e famintos, mas por acaso Maria, sentada e quieta, não oferecia o prato, mais necessário ainda, do amor e da hospitalidade?

## 69

*A tonta da casa.* — Quem serve prefere fomentar a iniciativa do próximo em vez de exigir-lhe, de modo taxativo e burocrático, seu dever; ou de humilhá-lo censurando a sua preguiça e ociosidade. Fazendo assim, sabe que se expõe à frustração, e a carregar muitas vezes o peso dos que fogem do encargo.

Quantas mulheres apostam assim nos seus, com espírito idêntico ao de São Paulo: **Nós, néscios por causa de Cristo; e vós, sábios em Cristo! Nós, fracos; e vós, fortes! Vós, honrados; e nós, desprezados!** (1 Cor 4, 10) Promotoras e guardiãs da liberdade alheia, essas mulheres escondem-se como a semente no sulco, mesmo à custa de passar por néscias, contanto que o marido e os filhos amadureçam, prosperem e triunfem.

# INVENTAR O ESPAÇO

## 70

**Vinde, Espírito Santo..., enchei o íntimo dos corações** (do hino *Veni Sancte Spiritus*). — E o que pode encher a intimidade senão o amor? O amor enche aprofundando e afinando seu receptor, abrindo nele novas interioridades, descobrindo-lhe filões inéditos.

E como o Espírito realiza essa obra na alma? Do mesmo modo que uma dona de casa: **lava o que está manchado, rega..., cura..., dobra..., aquece..., retifica...** (*ibidem*). Pois o que é o ofício doméstico senão criar espaço humano? Um espaço onde sempre cabe mais, pois o amor dilata.

## 71

**Encheu toda a casa onde se encontravam** (*Pentecostes*, At 2, 2). — O que é «encher» uma casa senão unir os que moram nela? Assim nasce a Igreja: o Espírito Santo invade um cenáculo, quer dizer, uma sala de jantar, e converte os discípulos em família.

## 72

A Igreja não apenas nasceu numa sala de jantar, mas de certo modo *é* uma sala de jantar.

## 73

A casa se parece com os seus moradores: tem alma e corpo, acusa o passar do tempo, envelhece, maquia-se. Seus objetos — móveis, utensílios, enfeites — vão ganhando significados novos, o tempo os humaniza, os espiritualiza; o espaço é povoado por recordações...

Por isso, cuidar dos objetos da casa é cuidar dos seus moradores, é chegar ao seu coração e sair ao seu encontro.

## 74

Cuidando da casa tu também te fazes «casa»: te convertes naquilo de que cuidas. O aposento que limpas e enfeitas se replica e se desdobra na tua alma.

## 75

Decorar um espaço é ampliá-lo espiritualmente mediante a arte. Sem essa ampliação, o próximo quase não caberia nele.

## 76

**Não havia lugar na hospedaria** (Lc 2, 7). — O espaço e o tempo são invenções do amor. Quem ama faz lugar, quem ama consegue tempo.

## 77

**Judas conhecia o lugar porque Jesus se reunia frequentemente ali com seus discípulos** (*Horto das Oliveiras*, Jo 18, 2). — Esse recanto agradável de Getsêmani servia-lhes de «sala de estar», pois não dispunham de casa fixa em Jerusalém. E ali organizavam sua tertúlia familiar: essa reunião que não tem outra finalidade além de «estar juntos», e que recolhe como um remanso os diversos rios da família, deixando o fundo transparecer.

## 78

Somente poderás «criar» um lar formoso se «creres» nos seus moradores. A confiança no melhor do próximo («crer») confere uma feição artística ao trabalho doméstico («criar»). Se consideras os teus próximos maravilhosos — por mais que às vezes não o demonstrem —, o que fizeres por eles também será maravilhoso.

E em que consiste essa *fé* nos demais? É uma fé certamente humana, enquanto seu objeto são meros homens, mas divina, pois testemunha e encarna a tua fé em Cristo. Apoiando-te nEle, crê no teu próximo e te surpreenderás com o que sairá das tuas mãos, como Maria: **O Todo-poderoso fez em mim grandes coisas** (Lc 1, 49).

## 79

**O Verbo se fez carne e habitou entre nós** (Jo 1, 14). — Pôs um lar, estabeleceu sua casa, assentou uma morada: nisso consiste a Redenção. Deus muda para nosso domicílio e se senta à nossa mesa.

## 80

**Onde moras?... Foram aonde ele morava e ficaram com Ele aquele dia** (Jo 1, 38-39). — A pergunta pela casa marca o começo dessas duas vocações. Ao adentrar aquela casa de Cafarnaum, João e André compreenderam que *entravam* em Cristo, para habitar nEle no dia sem ocaso da eternidade.

## 81

Rabi, onde moras? — Na realidade, desejavam perguntar *Quem és?*, mas sabiam que as respostas de carne e osso só podem ser pronunciadas adequadamente num lar. Para chegar ao *quem* é preciso começar pelo *onde*.

## 82

**Onde moras?** — Pois se queremos conhecer-Te temos de começar por tua casa; para entrar em teu coração necessitamos vê-lo plasmado — tão humanos somos! — nos objetos mais simples e cotidianos. Leva-nos, Senhor, *onde Tu és mais Tu*.

## 83

**Que bom é estar aqui! Façamos três tendas!** (*Pedro ante Jesus transfigurado*, Mc 9, 5). — A beleza de Cristo reclama um lar. O resplendor do seu Rosto exige «uma tenda», uma morada, onde essa luz se materialize e perpetue. A casa de que cuidamos todos os dias é a resposta exata e cabal à beleza vislumbrada pela fé.

## 84

**Na casa de meu Pai há muitas moradas... Vou preparar-vos um lugar** (Jo 14, 2). — O que é «preparar um lugar» senão varrer, ordenar e enfeitar um aposento: o quarto, o salão, o escritório...? Com efeito, Jesus encontra a melhor imagem para explicar-nos a dupla Missão da Santíssima Trindade\* nessa tarefa simples e prosaica. Por um lado, Jesus nos prepara o Céu, e por outro, o Espírito nos prepara para o Céu.

---

(\*) A dupla missão da Santíssima Trindade ou, como diz o Catecismo da Igreja Católica (n. 689), «a missão conjunta do Filho e do Espírito» consiste nos envios (significado original da palavra *missão*) do Filho pelo Pai e do Espírito Santo pelo Pai e pelo Filho. «Inseparáveis no que são, as pessoas divinas são também inseparáveis no que fazem. Mas, na operação divina única, cada uma manifesta o que Lhe é próprio na Trindade, sobretudo nas missões divinas da Encarnação do Filho e do dom do Espírito Santo» (n. 267).

## 85

O Sagrado Coração é minha *pequena casa*, onde vivo, durmo, trabalho e descanso, de onde nunca saio, e se saio, aonde sempre volto.

# DOMESTICAR O TEMPO

## 86

**Hoje se cumpre esta escritura que acabais de ouvir** (*Na Sinagoga de Nazaré*, Lc 4, 21). — Cada «hoje» dá lugar a um desígnio eterno. Deus previu um plano para cada um dos nossos dias. A vida cotidiana (de *cotidie*, «cada dia») possui dimensão profética, pois aponta para uma plenitude.

## 87

**Hoje, se escutais a voz de Deus, não endureçais o coração** (Sl 94, 7-8). — Hoje, agora, aqui, ressoa a tua vocação; nas coisas pequenas palpita o sentido da tua vida. Portanto, para saber o que deves fazer, pergunta-te aonde deves chegar: do que isto de agora é promessa? A que grandeza aponta esta coisa miúda? De que santidade ela é princípio? De que árvore é semente? Que felicidade prenuncia esta preocupação? A que comunhão ela dá começo? Que encontro prepara? Que glória antecipa?...

## 88

**Qual é o administrador sábio e fiel que o senhor estabelecerá sobre os seus operários para lhes dar a seu tempo a sua medida de trigo?** (Lc 12, 42). — A medida, os tempos e as necessidades: os três fatores que o administrador conjuga. Seu ofício lembra o do maestro: os instrumentos têm que concertar-se com as pessoas, e as necessidades individuais com o bem comum.

E quem tomará a batuta de tudo isso? Sem dúvida a pessoa *prudente*, quer dizer, a que sabe esquadrinhar, à luz do Espírito Santo, o como, o quando e o onde das almas.

## 89

Para administrar bem o tempo, começa ordenando as tuas coisas. Recolhendo a cada manhã tudo de ontem, guardando a roupa e arrumando o quarto, tu te dispões otimamente para o hoje. Organizando teus objetos, esboças a tua jornada; no armário ensaias o horário.

## 90

**Para tudo há um tempo, para cada coisa há um momento debaixo dos céus** (Ecl 3, 1). — Há dois modos de conceber o tempo: como um saco ou como um mapa. O *tempo-saco* esmaga com seu peso quem o carrega. Em seu interior se acumulam, numa confusão angustiante, tarefas, obrigações, prazos, distrações: mil assuntos heterogêneos e desconexos. E, ai!, se o saco arrebenta! **Quem não ajunta comigo, espalha** (Mt 12, 30).

O *tempo-mapa*, por sua vez, tem um caminho sulcado e uma paisagem para contemplar. Às vezes o caminhante estende a vista ao horizonte, que é seu fim, e outras se entretém com as miudezas ao redor — as vicissitudes cotidianas —, que por estarem em seu lugar são únicas, variadas e singulares, talvez um tesouro.

## 91

*«Timing» doméstico*. — Como um filme, o lar alterna sequências de calma e de ação, de suspense e de humor, de drama e de festa, de recolhimento e de alvoroço... Um vaivém incessante que não impede, no entanto, a paz dos protagonistas, desde que sejam

fiéis ao *roteiro* que informa tudo, isto é, a vontade de Deus.

## 92

**Maria se levantou e foi com pressa às montanhas** (Lc 1, 39). — Há dois tipos de pressa, essencialmente diversas: a do pragmatismo e a da caridade. A pressa que foge dos problemas e a que os enfrenta por amor; a que escapa do sofrimento e a que se adianta a compartilhá-lo; a que nasce da covardia e a que brota da contemplação.

A pressa da caridade tem pressa por serenar-se; a do pragmatismo acelera cada vez mais, porque foge de si mesma.

## 93

*Arre, mula, arre, anda mais depressa que chegamos tarde* (canção popular de Natal). — A pressa de Maria é diligência, não angústia; é estar nas coisas, mas sem perder a calma. Com valentia e decisão, ela domestica o tempo e o governa do mesmo modo que a sua *mula*, imprimindo-lhe o passo de Deus.

## 94

*Preparar, preparar, preparar, preparar...* A eterna cantilena do trabalho doméstico soa como o trotezinho animado de um jumento. E por acaso não é isto mesmo que evocamos no Natal? *Arre mulinha, arre, burra, arre.*

Assim o entendeu Santa Maria quando *foi com pressa* (Lc 1, 39) à casa de Isabel. Enquanto se perguntava pelo caminho como ajudar a prima grávida e como preparar-se ela mesma para o nascimento de Jesus, ia escutando a resposta no sacolejar da sua cavalgadura: *preparar, preparar, preparar, preparar...*

## 95

*Ângelus*. — Na trabalheira da manhã, quando a limpeza se torna ingrata e fatigante, quando o horizonte grandioso parece estreitar-se entre vassouras e baldes, chega Maria.

Dona de casa como suas filhas, ela escolhe bem a hora da visita. Sabe por experiência em que momento se insinua o tédio, o aturdimento, ou o desânimo, e então se apresenta de improviso, sorridente. Sua chegada poderia parecer, aos de fora, uma interrupção inoportuna que tira a concentração, mas na realidade é bálsamo de paz; parece um contratempo, mas na realidade é um resgate.

## 96

*O lugar ao qual se volta.* Assim um filósofo contemporâneo definiu a família. A ela, com efeito, voltamos, cedo ou tarde, talvez inconscientemente, buscando nossas raízes. Para continuar vivendo precisamos continuar nascendo; para alcançar o fim, é preciso ensaiar, incessantemente o princípio. Como Ulisses*, nossa vida é um constante retorno à casa.

Ora, a família também é o *lugar onde se espera*, onde se lavra pacientemente, como Penélope, a conversão do amado (acaso «con-versão» não significa isso mesmo, «regresso»?). Ambas formas de viver o lar, a espera e o retorno, coincidem no coração humano e lhe conferem o palpitar característico.

---

(*) Odisseu ou Ulisses é o protagonista do poema épico clássico *Odisseia*, atribuído a Homero. A narrativa centra-se na viagem de regresso de Ulisses a Ítaca, sua cidade, depois da Guerra de Troia. Penélope, sua esposa, o espera fielmente, apesar da opinião geral de que o marido havia perecido pelo caminho. (N. do E.)

# GESTAR E DAR À LUZ

## 97

**No ventre materno te escolhi** (Jr 1, 5). — Escolher alguém no ventre materno significa escolhê-lo por inteiro e para sempre. Tomá-lo em sua origem é tomá-lo em seu fim. É ali onde a voz de Deus ressoa pela primeira vez, falando com essa palavra de carne que é o corpo da mulher. Por isso o seio materno é figura e antessala da Igreja, e lugar por excelência da vocação.

A mulher grávida intui essa verdade quando cuida de seu corpo e de sua alma com delicadeza. Com a saúde, a pureza, as virtudes, ela guarda e venera a vocação do filho e prepara o seu cumprimento.

## 98

O nosso primeiro quarto é o corpo da mulher. Todos os outros espaços que a arte doméstica amplia, mobilia, decora e limpa são prolongamento desse espaço primeiro e originário. Junto com o filho, a mãe gera também o espaço humano que deve preencher.

## 99

**Isabel concebeu e se ocultava durante cinco meses, dizendo: Assim fez comigo o Senhor nestes dias em que se dignou apagar o meu opróbrio entre os homens** (Lc 1, 23-25). — A maternidade abre um novo filão de intimidade na mulher, um filão de si mesma que a deixa maravilhada e até lhe pesa. Por isso, Isabel se esconde pudicamente, não para proteger o menino, que ainda não nasceu, mas para proteger a terna e doce criatura que acaba de dar à luz e que é ela mesma. Nove meses antes do filho, nasceu, débil e inerme, sua própria maternidade.

## 100

**Quando Isabel ouviu a saudação de Maria, o menino saltou de alegria em seu seio** (Lc 1, 41). — Quem ouviu foi ela, mas quem saltou foi ele. Pois como o menino ia ouvir se ainda não tinha nascido? No entanto, ouve pelos ouvidos da mãe, feito um só corpo com ela.

Isso é próprio de toda mãe: escutar *para os outros*, ser o ouvido do filho, do esposo, do parente. Nela Deus fala a cada membro da família, através dela o Céu penetra nessa espécie de seio que é o lar.

# 101

Deus se antecipa à mãe, e a mãe ao filho. Essa é a ordem misteriosa que rege a vida da família, e a partir daí, a sociedade inteira. Profetisa por natureza, a mulher entende mais, chega antes, acerta melhor.

# 102

**A baleia de Jonas** (cf. Jn 2, 1-11). — A casa «come» não somente a comida, mas o dinheiro, as forças, o tempo, a limpeza (pois é preciso repeti-la), a roupa (pois é preciso renová-la), os eletrodomésticos (pois é preciso repará-los), e tantas outras coisas. Como uma grande boca ávida, ameaça devorar os seus moradores.

Mas não é assim. Vividos com criatividade, esses trabalhos engrandecem quem os realiza. Parecem engolir-nos num primeiro momento, mas depois, como a baleia de Jonas, nos restituem fortalecidos e com desejo de conquista. O lar parece que *gasta*, mas na realidade *gesta*.

# CRIAR E CRESCER

## 103

**Depois de ter-me informado com exatidão de tudo desde os começos** (*Prólogo de São Lucas*, 1, 3). — Que *começos* são estes? Onde começa Aquele que, segundo o Credo, foi *gerado, não criado*? Em Maria. Ela O deu à luz, O alimentou, vestiu e educou. Aquele que não foi *criado* por Deus foi, no entanto, *criado* por Maria.

## 104

**O temor apoderou-se de todos os seus vizinhos, e comentavam: Que será este menino?** (*Circuncisão de João Batista*, Lc 1, 65). — Todo bebê suscita uma pergunta idêntica: Qual é sua vocação? Quem promete ser? É já certamente uma pessoa, mas sua identidade está por revelar-se e cumprir-se: é um mistério.

Por isso o recém-nascido representa o que há de mais genuíno na condição humana: seu estado de indigência e inacabamento. Ser homem é estar sempre em vias de ser e em perigo de não ser.

## 105

**E isto vos servirá de sinal: encontrareis um menino envolto em faixas...** (Lc 2, 12). — Aos pastores foi dado um sinal: as faixas; aos Magos outro, muito diferente: a estrela. Qual indica melhor a Jesus? Qual é mais adequado à sua natureza e missão? Talvez as faixas, pois representam a debilidade humana e indicam aquele que **tomou sobre si nossas enfermidades e carregou com nossas fraquezas** (Is 53, 4); são serviço e envolvem aquele que **veio não para ser servido, mas para servir** (Mt 20, 28); são trabalho e assinalam o Artesão (cf. Mc 6, 3); são gesto e trabalho de mulher, e expressam o Filho de Maria e Esposo da Igreja; são, enfim, calor de família, e revelam o Filho de Deus e nosso Irmão.

## 106

Assistir ao crescimento do próximo implica antes de mais nada crer que se produzirá;

confiar em que essa pessoa — o filho, o marido, a esposa, o irmão — pode e deve ser quem promete ser.

## 107

**E desceu com eles e veio a Nazaré, e lhes estava submisso. E sua mãe guardava todas estas coisas em seu coração** (Lc 2, 51). — Durante nove meses guardou seu corpo, e agora guardava seus atos, suas palavras, suas experiências, e inclusive seu futuro, que Ela pressentia com tanta lucidez.

A educação que Maria lhe deu foi, em consequência, prolongação da sua maternidade contemplativa. Modelando a personalidade do seu Filho, Ela não fazia mais que reproduzir a imagem que, contínua e saborosamente, contemplava em seu coração.

## 108

**E veio a Nazaré...** Jesus desenvolve, modela e cultiva sua perfeita Humanidade, que possuía desde o seio da Mãe, mediante as tarefas domésticas na casa de Nazaré.

Com efeito, essas tarefas, além de qualquer conhecimento ou destreza, ensinam mesmo *a ser homem*. E vividas com fé, também a ser filho de Deus.

## 109

*Educação*. — Depois de nascer da mãe de carne e osso, a criança necessita nascer dessa *grande mãe* que é o lar.

## 110

**Levavam-lhe também crianças para que as tocasse** (Lc 15, 18). — Cristo nos *toca* em cada criança, contanto que saibamos levá-la a Ele mediante a educação, o cuidado e... a paciência!

## 111

**E o que recebe em meu nome a um menino como este, é a mim que recebe** (Mt 18, 5). — *Um menino*: assim a dona de casa enxerga cada pessoa de que cuida, por mais que essa pessoa seja adulta e aparentemente madura. A dona de casa a vê em processo de formação, ainda por crescer, por corrigir, por converter, e até por nascer; a vê, enfim, como uma promessa de Cristo ainda não cumprida plenamente.

Por isso é Ele quem a dona de casa recebe, saiba ou não, sempre que desempenha seu ofício.

## 112

*Pescar e formar.* — Eles, *pescadores de homens*, e elas, as mulheres, formadoras de homens, o que é muito mais. As discípulas de Jesus, com efeito, embora compartilhem com os homens o ofício de *pescador*, pois são igualmente almas apostólicas, distinguem-se por um carisma peculiar: o de acolher e modelar os recém «pescados» para Cristo e robustecê-los na sua vocação. Como? Mediante o ambiente de lar que brota das suas mãos e que nunca faltou durante o ministério público e itinerante de Jesus. De outro modo, que teria sido dos discípulos? Como teriam perseverado sem aquelas que **haviam seguido a Jesus desde a Galileia para servi-lo** (Mt 27, 55)?

## 113

As artes domésticas são intrinsecamente formativas: modelam sensibilidades, orientam consciências, exercitam virtudes, despertam talentos, encaminham vocações, inspiram arte, educam destrezas, inculcam civismo, semeiam solidariedade, cultivam complementaridade. Numa palavra, constituem a *academia primordial de todo o humano*, onde aprendemos desde pequenos a ser... o que somos.

# VISITAR E RECEBER

## 114

**Quando tua saudação chegou aos meus ouvidos a criança saltou de alegria no meu ventre** (Lc 1, 44). — Isabel dentro da sua casa e João dentro de Isabel: cada qual escuta em sua morada interior, ou seja, em seu coração. Pois escutar, mais que *ouvir algo*, é *receber alguém*: é uma visita.

Por isso necessitas vida interior. Como receber alguém, e muito mais Deus, se não tens onde nem com o quê?

## 115

A saudação cria um espaço comum onde nos sentimos vizinhos. Nossas portas abrem-se a um mesmo patamar. Frases comuns como «Olá», «Tudo bem?», «Boa tarde» são a soleira a que uma pessoa sai para receber outra. Todos os que habitualmente nos cumprimentamos formamos uma vizinhança espiritual, onde paira a iminência de inumeráveis visitas.

## 116

**Quando entreis numa casa dizei: paz a esta casa** (*Primeira missão dos discípulos*, Lc 10, 5). — Somente a paz chama o coração para fora e o abre por dentro. Por isso é a substância de toda saudação.

## 117

Cada pessoa é ao mesmo tempo peregrino e anfitrião para com seus semelhantes. A paz é essencialmente uma relação de hospitalidade.

## 118

**Comei o que vos ponham na frente** (*Missão dos discípulos*, Lc 10, 8). — «Acomodai-vos ao menu da casa sem melindres nem caprichos». Não desprezes a despensa de teu amigo, por pobre e desabastecida que esteja. Se nela faltam manjares de virtudes, substância de formação, adereço de cultura e mesmo o sal do bom-humor, pelo menos compartilha com ele sua fome de tudo isso. Até a fome alimenta, se é compartilhada.

## 119

**Se alguém ouvir a minha voz e me abrir a porta...** (Ap 3, 20). — Quem costuma abrir com um sorriso, o faz porque pressente Cristo atrás da porta.

## 120

**O outro discípulo (que era conhecido do sumo sacerdote) saiu e falou à porteira, e esta deixou Pedro entrar** (*Noite da prisão*, Jo 18, 16). — A mulher cristã, sobretudo se é porteira ou recepcionista, deixa Cristo passar e também deixa os outros passarem para ir até Ele. Por ela, o Senhor entra nos corações, nas casas, nas instituições, na sociedade. E mesmo apesar de si mesma! Como aconteceu à porteira de Caifás...

Maria, pelo contrário, é *Ianua Coeli*, Porta do Céu, nos abre a porta de todo coração. Ela não é somente Porta, mas porteira, quer dizer, Porta *com rosto*, que nos convida pessoalmente: «Vem, entra, te espero, te reconheço...»

# 121

A porta é para a casa o que o pudor é para a intimidade. Cultivo minha intimidade abrindo-a aos outros. Ora, mas não abro para qualquer pessoa, nem de qualquer modo. Franqueio meu interior somente a quem «bate» da forma devida, e se o introduzo em minha morada é progressivamente, segundo a ordem que marca o pudor: primeiro o saguão, depois a sala, em seguida a cozinha...

# O BÁLSAMO E AS LÁGRIMAS

## 122

**Quando soube que estava à mesa em casa do fariseu, trouxe um vaso de alabastro cheio de perfume; e, estando a seus pés, por detrás dele, começou a chorar. Pouco depois suas lágrimas banhavam os pés do Senhor e ela os enxugava com os cabelos, beijava-os e os ungia com o perfume** (Lc 7, 37-38). — São muitos os que comem, bebem e conversam no lugar, mas ela distingue quem é o mais importante; suas lágrimas, beijos, unguentos têm um único destinatário; no bulício da sala, essa mulher vê somente um hóspede e comensal: Cristo.

Assim ocorre com tantas mulheres de fé, que precisam trabalhar, infelizmente, em meio à incompreensão ou indiferença dos seus. Se aguentam firmes, não é por se terem endurecido frente a eles, mas porque aprenderam a descobrir Cristo aí, no meio do lar, e a servi-lO nessas mesmas pessoas que talvez O ignorem.

## 123

**Banhou meus pés..., beijou-os..., ungiu-os** (Lc 7, 44-45). — Por que a penitência escolhe a linguagem da hospitalidade? Por que o pecador prefere acolher a graça como um anfitrião ao seu hóspede? Muito simples: porque essa Graça tem rosto, carne e história: Cristo. E a dor dos pecados são os nós dos seus dedos golpeando à nossa porta.

## 124

**A casa encheu-se do perfume do bálsamo** (Jo 12, 3). — De quem procedia o aroma nesse momento? Da mulher ou do Senhor? Do Senhor. Foi ela quem derramou o bálsamo, mas era Ele quem o exalava.

— Eu me derramo Senhor, em minha casa, para que Tu a enchas. Meu perfume não é perfume até sair de ti.

## 125

*O corpo, o perfume, a casa.* — O perfume inunda a casa não *a partir do frasco*, mas *do corpo* em que foi derramado. No fim das contas, o que é uma casa senão a ampliação do corpo humano? O que é senão o *corpo grande* que une os corpos particulares de todos os seus componentes?

É assim que a compreendemos em Cristo, nossa Cabeça: unidos a Ele formamos a casa perfumada pelo Espírito que é a Igreja.

# 126

**Por que não se vendeu este perfume por trezentos denários?** (Jo 12, 5). — É próprio do homem combinar pobreza e excelência; na nossa natureza convivem a miséria do mendigo e a dignidade do filho. Daí que necessitemos, junto com o rigor da austeridade, o gozo da festa. Por acaso Cristo mesmo, Deus e Homem, não se deixou receber bem pelo dono da casa e a mulher penitente?

Mas um coração mesquinho como o de Judas jamais compreenderá isso; está condenado a oscilar entre os dois extremos: a pobretice vulgar e a opulência mundana.

Quebremos esse preconceito com decisão, como fez aquela mulher. Onde ela bateu o vaso para quebrá-lo? Foi por acaso contra a cabeça de Judas?

# 127

**A caridade cobre a multidão dos pecados** (1 Pe 4, 8). — Se te sentes sujo diante de Deus, experimenta empunhar o esfregão, o rodo ou a bucha. E, mais que tua casa, brilhará a tua alma. Servir o próximo é o melhor detergente.

# VEDE MINHAS MÃOS

## 128

**Vede minhas mãos...** (Lc 24, 39). — Pondo-se no meio de seus discípulos, o Ressuscitado garante sua identidade desse modo. «Para reconhecer meu rosto» — parece dizer —, «começai por reconhecer as minhas mãos».

E o que vemos nelas? Os furos dos pregos e... os *calos* do trabalho. Sim, curtidas e rijas, as mãos de Cristo apresentam a honrosa marca de trinta anos de oficina, manejando precisamente o que depois seriam instrumentos de sua Paixão: madeiras, martelos, pregos...

«Vede minhas mãos» — nos diz — «e contemplai nelas vosso trabalho, redimido pela minha Cruz e transfigurado pela minha Páscoa».

## 129

**Não é este o filho do artesão?** (Mt 13, 53) **Não é este o artesão?** (Mc 6, 3) — Artesanato é trabalho feito à mão e pessoalmente, peça por peça, com sentido artístico e amor à tradição. Útil, belo e simples, o produto de artesanato nasce do lar e a ele se destina principalmente.

Jesus, o Artesão, oferece-nos em sua oficina o modelo de todo trabalho humano. Qualquer que seja nossa profissão, sempre pode ser desempenhada *artesanalmente*, quer dizer: em consciência, com criatividade e com espírito de família.

## 130

As tarefas domésticas são o trabalho artesanal por excelência. O que José e Jesus fazem na oficina forma uma unidade com o que Maria faz na casa toda.

## 131

**Não é este o artesão, o filho de Maria?** (Mc 6, 3) — Embora tenha chamado a si mesmo de **bom Pastor** (Jo 10, 11, cf. Ez 34, 23), a sua profissão de fato não foi essa, mas a de artesão. Por quê? Não foram pastores Abraão, Isaac, Jacó, Moisés, Davi e tantos outros justos e profetas? Por que escolheu precisamente esse outro ofício, tão vinculado ao âmbito familiar, numa oficina possivelmente contígua à cozinha de Maria? Por que em vez de guardar gado ou cultivar a terra, como tantos de seus vizinhos, preferiu confeccionar móveis e utensílios domésticos?

Talvez para manifestar a dimensão familiar e mariana da Igreja, ampliação da casa de Nazaré. E para ensinar-nos a edificar partindo, em primeiro lugar, dessa *comunidade de trabalho* que são nossos lares.

# AS FAIXAS E A TÚNICA

## 132
**E o envolveu em faixas** (Lc 2, 7). — Maria não somente envolve o corpo de Jesus, mas toda a sua vida, desde o presépio até o sepulcro. As faixas e a mortalha são os extremos de um único pano com que Maria abarca seu Filho no espaço e no tempo, e o retém em seu coração.

## 133
**E o envolveu...** — Envolvê-lO é prepará--lO como um presente, e concretamente como presente de Natal. Com esse gesto Maria antecipa e resume o que será a vida de seu Filho: dar-se.

## 134
A Virgem envolve o Menino com faixas, e os anjos envolvem os pastores com luz (cf. Lc 2, 9). Deus troca suas vestes pela nossa.

## 135

**A túnica, porém, toda tecida de alto a baixo, não tinha costura** (*Sorteio ao pé da Cruz*, Jo 19, 23). — Tecida pelas mãos primorosas de Maria, essa túnica é como um abraço incessante e maternal ao Corpo do Filho.

E não acontece o mesmo com nossas mães? Não é por acaso a roupa, que elas limpam e passam para nós, prolongamento misterioso das suas carícias? O seu tato não está impresso nos tecidos que usamos, dotando-os de graça e significado?

A fé amplifica esse *poder* das mãos que cuidam de nós, pois Maria age através delas, envolvendo Cristo em nós e modelando-nos à imagem dEle.

## 136

**Aproximou-se por trás e tocou a orla do seu manto** (*A Hemorroíssa*, Lc 8, 44). — A orla ou a borda é o *voo* do manto, a parte que não está em contato direto com o corpo de Jesus. Mesmo assim, está carregada de magnetismo sobrenatural, e a Hemorroíssa sabe disso.

E também sabem os que se dedicam, com sentido de fé, a passar e lavar a roupa.

A roupa de que cuidam faz parte deste «voo» da túnica de Jesus, que se estende misteriosamente, através do espaço e do tempo, a todos os membros do seu Corpo.

## 137

*... e tocou a orla do seu manto...* **Então Jesus disse: quem me tocou?** (Lc 8, 44-45). — Ao tocar o manto, essa mulher toca a própria Pessoa de Jesus. E quando Nosso Senhor assim o declara diante de todos, ilumina um matiz delicado da nossa existência encarnada. Pois a roupa, com efeito, leva como que aderida a intimidade de quem a usa: seu gosto, sua história, seu trabalho, sua personalidade, seu amor.

São conotações bem conhecidas por quem lava roupa e cuida dela. Vividas com fé, essas tarefas nos põem em contato com Jesus Cristo, presente em nossos irmãos, e nos trazem o eco de sua pergunta: **quem me tocou?**

## 138

**Suas vestes tornaram-se resplandecentes e de uma brancura tal, que nenhum lavadeiro sobre a terra as pode**

**fazer assim tão brancas** (*Na Transfiguração*, Mc 9, 3). — Na revelação de sua glória, Jesus traja as próprias vestes: as mesmas que sua Mãe teceu, recompôs e lavou muitas vezes. É assim que esses trabalhos discretos são enaltecidos de uma vez para sempre na Pessoa do Verbo.

## 139

**Nenhum lavadeiro sobre a terra as pode fazer assim tão brancas.** — Nenhum lavadeiro, nenhum profissional da lavanderia pode alcançar a brancura gloriosa da túnica de Jesus. Contudo, aspira a isso. Pois vivido com fé, esse serviço tende a manifestar no próximo o esplendor da graça, cujo símbolo é a roupa limpa e bem passada.

## 140

**Suas vestes tornaram-se resplandecentes.** — A razão de ser das vestes é a dignidade da pessoa: um resplendor que, assumindo plenamente o corpo, o ultrapassa. Cristo, plenitude do humano, mostra-nos aquela luz que toda verdadeira veste procura representar.

## 141

*Sentir* a roupa e levá-la com elegância — como sem dúvida fez Jesus — é viver sua vinculação com o lar, onde foi guardada, limpa, passada e, finalmente, vestida. O estilo nasce na família mais do que nas passarelas.

## 142

**Revesti-vos do homem novo** (Ef 4, 24). — Por que São Paulo compara a transformação profunda e radical do homem com uma roupa? Precisamente porque o traje não é puro acessório justaposto, mas vivência humana profundamente enriquecedora, como sabem sobretudo as mulheres. É o instrumento com o qual a intimidade se explora, se modela e se expressa. Ao vestir-te, escolhes a pessoa que queres ser e tomas posição perante os outros. Vivido com elegância, o vestir faz a pessoa dona de si e dom para o próximo.

A sabedoria do lar também inclui esse aspecto, que alcança a sua plenitude com a graça. Com efeito, como vestir-te *de ti* se estás nu de Cristo, o Homem Novo, que é tua versão mais autêntica?

## 143

Uma pessoa não somente *tem* roupa, mas «se tem» com ela: serve-lhe para tomar posse de si, exercer sua liberdade e abrir-se à convivência.

O cuidado da roupa — comprar, lavar, passar, conservar, consertar — honra a intimidade do próximo no instrumento com que a cultiva.

## 144

*A Virgem está lavando / e pendurando no varal* (canção de Natal popular). — Lavar periodicamente a roupa, fazer a lavagem, significa assumir a vida dos outros, com seus ritmos e seu desgaste, conforme se plasma nas peças. Nosso serviço ultrapassa assim as paredes da casa e o breve tempo que nosso próximo passa nela, para estender-se a todos os ambientes em que sua vida se desdobra. Na roupa, pressentimos sua história e, com a lavagem, a incorporamos à nossa.

## 145

Não basta lavar: é preciso passar. Depois das manchas, é preciso tirar as rugas. O que se manifesta à vista deve sentir-se também com o tato. Tornando a roupa lisa e suave, o ferro de passar complementa a lavagem e em certo modo a humaniza, a aproxima da pele do usuário, do seu calor, seu palpitar. Por isso, passar a roupa supõe uma sábia intuição da condição encarnada, que é além disso fundamento do vestir-se: o que se mostra fora deve corresponder ao que se sente dentro.

## 146

**Há muito tempo não se vestia nem parava em casa, mas habitava no cemitério** (*O endemoninhado de Gerasa*, Lc 8, 27). — Sem veste nem casa, quer dizer, sem intimidade. E sem intimidade a vida do homem é cadavérica, e a pseudocultura que cria à sua volta, um imenso sepulcro.

Hoje em dia o diabo também corrompe os corações começando por estes dois lugares: o arranjo do corpo e o da família: as vestes e o lar.

# UM APOSENTO MOBILIADO

## 147

**E ele vos mostrará um grande aposento no andar superior, mobiliado e pronto** (*Preparando a Última Ceia*, Mc 14, 15). — Com o adjetivo «mobiliado» Cristo alude a tantos detalhes que conferem ao mobiliário doméstico uma personalidade singular: o adorno, a limpeza, a ordem, a reparação, a marca do uso, suas conotações familiares, seu valor simbólico. Com efeito, não se refere a móveis *mudos*, como os da vitrine de uma loja, mas *em conversação*, pois se encontram integrados na estrutura viva de um lar.

A Última Ceia teve lugar num cenário assim, configurado segundo a sensibilidade e a história dos donos daquela casa. Quem eram eles? Nós não sabemos, mas não importa: nosso lar também será um **aposento mobiliado** se nele vivemos com fé e primor.

## 148

*Teatro da família*. No lar, cada pessoa interpreta o seu papel mais autêntico: o de si mesmo, age como quem é. Isso, no entanto, não seria possível sem uma *encenação* adequada, em que os objetos — móveis, utensílios, sons, cores — falam das pessoas e se incorporam ao seu drama. Essa *dramatização dos objetos inertes*, poética, inteligente e criativa, é função das tarefas domésticas. Por elas e nelas, o lar resplandece como obra de arte, digna de contemplar-se.

## 149

**Toma o menino e sua mãe e foge** (*O anjo a José*, Mt 2, 13). — E como «tomar» as pessoas sem tomar os objetos que fazem sua vida? Por isso José carregou o burro com utensílios, roupa, comida, ferramentas, dinheiro, etc., a própria casa reduzida ao indispensável.

Além dessa há muitas outras formas de «tomar» a casa e com ela seus moradores:

administrando-a, arrumando-a, limpando-a, provendo-a do necessário...

## 150

**E Maria conservava todas estas coisas ponderando-as em seu coração** (Lc 2, 19). — No lar tudo se guarda, tudo se recolhe, tudo se aproveita, como as sobras da multiplicação (cf. Lc 9, 17). Não é obsessão maníaca, nem se conservam as coisas de qualquer modo, mas associando cada uma à ação humana que lhe confere sentido: a festa, o jogo, a refeição, o descanso, a educação, a doença. A mãe vivifica cada objeto que ordena, fazendo-o crescer em humanidade.

## 151

As técnicas e habilidades do lar são exercício de interioridade, pois aprofundam o conhecimento do próximo e tendem a incorporá-lo à própria vida. Quando há amor de Deus, o caminho da utilidade desemboca na misericórdia.

# EM MEU QUARTO
# E COM ESMERO

## 152

*Prepare a cama para este Menino / com esmero, em meu quarto. / Não a prepare, senhora /, pois minha cama é um cantinho* (canção de Natal popular). — O cantinho de Cristo, estreito e áspero, é este nosso mundo onde **o Filho do Homem não tem onde reclinar a cabeça** (Mt 8, 20).

Em troca, nós lhe oferecemos uma cama, quer dizer, o lar inteiro enquanto lugar do repouso e da segurança. A Cabeça de Cristo tem aqui lugar onde reclinar-se na medida em que cuidamos de seus membros, nossos irmãos.

## 153

*Com esmero em meu quarto.* — Esse «quarto» simboliza o coração da casa, seu reduto mais íntimo. Como ter acesso a ele? Com que chave penetrar nessa estância misteriosa? Com o «esmero». O trato fino e delicado abre na casa aposentos insuspeitados que não se encontram nas plantas da casa.

## 154

**...Não tem onde reclinar a cabeça** (Mt 8, 20). — Quando a cabeça descansa, o coração sonha. Cristo necessita que cuides dEle no próximo, porque quer entregar-se plenamente a ti. Seu travesseiro é teu trabalho, e seu sonho és tu.

## 155

**Deito-me e levanto-me, e o Senhor me sustenta** (Sl 3, 6). — O ofício doméstico vela sobre essa espécie de morrer e nascer que é deitar-se e levantar-se. O dormitório, com seus móveis e acessórios, é o lugar onde retomamos a vida em sua miniatura, que é o dia, e onde percebemos mais agudamente seu sentido. Ali sentimos falta dos braços de nossa mãe ao mesmo tempo dos de Deus, e por isso murmuramos nossas orações e vestimos essa roupa de criança que é o pijama.

## 156

*Fazer a cama.* — Começamos o dia acertando as dobras da noite. Fazendo a cama, completamos de certo modo o gesto de levantar-nos dela. Estendendo seus quatro cantos aplainamos simbolicamente a jornada que temos pela frente, lhe tiramos as rugas. E se o acompanhamos, além disso, com uma oração, essa ampliação das horas se fará efetiva em Cristo, Dia sem ocaso.

## 157

*A cama desfeita.* — Ainda conserva o calor de quem dormiu nela, assim como a forma de seu corpo e a marca de seus movimentos. Como molde de barro, a forma dessa pessoa ficou impressa ali, com seus sonhos e inquietações.

Que serviço presto quando faço sua cama? Estou alisando uns lençóis ou estou alisando, com a minha caridade, uma vida?

# ACENDE UMA LUZ
# E VARRE A CASA

## 158

**Qual a mulher que, se tem dez dracmas e perde uma, não acende uma luz e varre a casa e busca cuidadosamente até encontrá-la?** (Lc 15, 8). — Para ver, decide limpar; limpa a casa para clarear o olhar. E o que vê então? Que encontra com esse procedimento? Que a própria casa é, toda ela, a dracma que buscava. O ouro divino que queria descobrir, a moeda preciosa que buscava era seu próprio lar, que agora tem ante seus olhos graças à luz de Deus e... à sua vassoura.

## 159

**Acende a luz e varre a casa.** — Limpar implica ver em conjunto, captar o todo, sentir a unidade. Pois seu fim é reintegrar cada objeto — roupa, móveis, utensílios, chão — ao organismo vivo de que faz parte, isto é, o lar.

## 160

A verdadeira limpeza é um exercício de contemplação, pois *somente quando se entreveem as pessoas é possível limpar as coisas*. A limpeza correta de uma coisa depende de *para quem* é essa coisa: sua função comunitária, seu sentido de lar. E essa percepção é uma experiência contemplativa, quer dizer, uma intuição do coração vigilante.

## 161

O ofício de limpar contém uma pedagogia do olhar, pois por ele se percebem detalhes que a outros passam despercebidos. Adivinha-se, por exemplo, a alma de uma pessoa conforme o estado em que deixa seu quarto. Assim, a visão se afina psicológica e espiritualmente, até o ponto de «ler» a casa como grande livro aberto, onde o que há de mais íntimo se manifesta nos utensílios, nos móveis e na roupa.

Por outro lado, a visão é *posse intencional*, um modo de ter com o coração. E o ter, ou seja, o *haver*, é fundamento do *habitar*. Por isso, quem limpa uma casa é o mais capacitado para habitá-la, o que mais a enche com sua presença, o que melhor sabe *estar* nela.

## 162

**Todo lugar que pisar a planta de vossos pés, eu vo-lo dou** (*O Senhor a Josué às portas da Terra prometida*, Js 1, 3). — Com a vassoura medimos nossa casa, nós a conquistamos e a oferecemos constantemente aos demais.

Como Terra Prometida, nós a vivemos como um dom que deve, por sua vez, ser doado. Por isso, o que varremos senão o pó do egoísmo quando o fazemos pelos outros?

## 163

*O chão*. — Lugar da disponibilidade, das pegadas, do estar. Varrer e esfregar o chão é aceitar a pessoa enquanto plantada na existência (*ex-sístere*: «estar de pé, erguida, plantada»). Na casa, o chão é o lugar de tudo e de todos, por isso é símbolo da aceitação incondicional que define a família.

## 164

O quarto limpo conserva o aroma daquela pessoa que pensou nos outros e se retirou discretamente. Sua presença ampliou e enriqueceu o espaço acrescentando-lhe um *plus* de humanidade. Aquilo que o serviço revela e cria nunca é proporcional ao esforço e técnica empregados nele. Na limpeza, sempre é mais o que se *dá* em comparação com o que se *faz*.

## 165

*Senhora da limpeza*. — Poucas vezes o título de «senhora» se aplica com tanta propriedade. Quem *senhoreia* o espaço é antes de tudo a pessoa que o limpa, mais que seu proprietário ou usuário. Impondo sua lei de ordem e claridade, a senhora se apossa de tudo quanto toca, lhe comunica sua humanidade, domestica. A casa ou o escritório, com seus móveis e objetos, rendem-se submissamente a essas mãos. Limpar é servir, mas servir *soberanamente*.

## 166

**Limpais por fora a taça e o prato, enquanto por dentro ficam cheios de**

**podridão e imundície** (Mt 23, 25). — Confundiam a moral com a higiene. Esta última, em vez de expressar a pureza de coração, era seu sucedâneo. Limpando as vasilhas, poupavam-se do incômodo de limpar suas consciências.

No verdadeiro lar, ocorre o contrário. A higiene se subordina à pureza de coração, que é o mais importante. E o asseio externo se vive como expressão e pedagogia da pulcritude da alma, templo do Espírito Santo.

# 167

**Quem recebe um menino como estes, recebe a mim** (Mt 18, 5). — No asseio matutino voltamos à nossa infância. Nessas ações tão prosaicas e elementares evocamos a primeira descoberta de nossa vida, o que nos assombrou pela primeira vez sendo bebês: nosso corpo. Os atos de higiene encerram, por isso, um exercício sutil de conhecimento próprio e humildade. Por eles não apenas começamos um novo dia, mas retomamos a vida desde o início ou, o que dá na mesma, reconhecemos no espelho a criança que ainda somos.

Por esse motivo, o trabalho nesse âmbito honra a intimidade do próximo de um modo especial, pois nele acolhemos a criança que ainda há em cada adulto.

## 168

**Levantou-se da mesa, depôs as suas vestes e, pegando duma toalha, cingiu-se com ela. Em seguida, deitou água numa bacia e começou a lavar os pés dos discípulos e a enxugá-los com a toalha com que estava cingido. Depois de lhes lavar os pés e tomar as suas vestes, sentou-se novamente à mesa e perguntou-lhes: Compreendeis o que vos fiz?** (Jo 13, 4-5.12). — Bendita essa multidão, sobretudo de mulheres, que cada dia limpa o mundo com constância e primor: pisos, móveis, roupas, utensílios, crianças. Benditas essas mãos que não cessam de esfregar, raspar, varrer, dar brilho, polir, ensaboar, ordenar, desinfetar, escovar, sacudir, enxaguar, escorrer, pendurar... Benditas porque nos recordam a última e suprema pergunta do Mestre: **Compreendeis o que vos fiz?**

# MEDIR E CONTAR

## 169
**Dai, e dar-se-vos-á. Colocar-vos-ão no regaço medida boa, cheia, recalcada e transbordante, porque, com a mesma medida com que medirdes, sereis medidos vós também** (Lc 6, 38). As tarefas domésticas *medem* pessoas: não o que fazem ou dizem, mas elas mesmas. Como? Com a régua da caridade, que é o serviço. O serviço faz com que as coisas estejam *à medida* das pessoas.

E qual é a tradução prática do serviço? A *excelência* tanto técnica como artística e moral, quer dizer, a medida **cheia, recalcada e transbordante**. Pois a régua da pessoa é o amor, e o amor é a medida do que não tem medida.

## 170
**Com a mesma medida com que medirdes...** — Quem se mede consigo mesmo

cada vez mede menos, perde estatura espiritual. Quem, pelo contrário, se mede com os outros no diálogo, aumenta a si mesmo e cresce.

E uma forma de diálogo é o trabalho doméstico. Colaborando nele, os membros da família *falam* sem palavras, *medem-se* uns com os outros e agigantam-se.

## 171

**Colocar-vos-ão no regaço...** — Lugar materno por excelência, o regaço é onde Deus deposita seus tesouros, não somente para a mulher, mas, através dela, para a família e a sociedade.

## 172

**Dai, e dar-se-vos-á.** — Assim acontece no lar: quanto mais cuidamos dele mais o damos, e quanto mais o damos mais o temos.

## 173

**E lhes respondeu: dai-lhes vós de comer** (*Primeira multiplicação*, Mc 6, 37). — **Dai-lhes**, quer dizer, «Convidai-os, tratai-os como vossos hóspedes; convertei este lugar em nossa casa, nossa sala de jantar, para que me vejam como seu Anfitrião».

**Dai-lhes**, quer dizer, «Entregai estes alimentos cozidos e temperados com vossa fé e vosso amor, pois um alimento só se *dá* verdadeiramente ao cozê-lo, ao trabalhá-lo com a arte culinária».

«**Dai**», em definitivo, «estes pães e peixes para que vós mesmos, meus apóstolos, aprendais a dar minha doutrina e meus sacramentos. Cuidando dos alimentos e repartindo-os sabereis dar a Mim, Pão vivo que dá a vida ao homem».

# 174

**Mandou que se acomodassem por grupos... Partiu os pães e os deu a seus discípulos para que os distribuíssem** (Mc 6, 39-41). — Jesus não faz aparecer de repente uma tonelada de alimento; multiplica-o dosando segundo as rações necessárias, os intermediários disponíveis, os recebedores adequados e a vez correspondente. Numa palavra: ao modo doméstico.

Porque no lar é sempre assim: o que administramos segundo as regras do trabalho humano é um mistério divino.

## 175

A pobreza de Belém não é mera carência, mas carência assumida *de modo doméstico*, quer dizer, a partir do lar e por ele. Em Belém, aliviam-se as estreitezas e os incômodos compartilhando-os, e fazendo-os jogar em favor da comunhão. Não é menos lar por ser pobre, pelo contrário: é um lar enriquecido pela pobreza.

## 176

**Pagais o dízimo da hortelã, do endro e do cominho e desprezais os preceitos mais importantes da lei: a justiça, a misericórdia, a fidelidade** (Mt 23, 23). — «Abandonastes a raiz e por isso os frutos, em si mesmos bons, tornaram-se venenosos». Pois as coisas pequenas — hortelã, endro, cominho — podem empequenecer quem cuida delas se faltar caridade. Em vez de ser *concretização* do *mais importante*, convertem-se em *redução* deste aos nossos estreitos limites; em vez de fruto do Amor, transformam-se em seu mesquinho sucedâneo.

# O PÃO NOSSO DE CADA DIA NOS DAI HOJE

## 177

**O pão nosso de cada dia nos dai hoje** (Mt 6, 11). O que é esse pão que pedimos no Pai-nosso? O alimento básico ou a refeição refinada? O imprescindível para sobreviver ou o prato fino? Ambas as coisas, pois esse pão, que é o próprio Cristo, representa tudo o que é humano: o mínimo e o máximo, a esmola e o presente; a provisão do peregrino e o aperitivo saboroso das bodas do Rei.

Pedagogia da vida espiritual, a arte culinária reflete essa dupla condição. O cozinheiro sábio vê no comensal tanto o príncipe como o mendigo.

## 178

**O pão nosso de cada dia nos dai hoje** (Mt 6, 11)... **A cada dia basta o seu cuidado** (Mt 6, 34). — As «preocupações» cotidianas encontram sua compensação e seu alívio na sobremesa familiar. O **cuidado** forma assim uma só coisa com o **pão**. Um e outro provêm de Deus e são para nosso bem. Daí que na mesa, além dos alimentos, digerimos, degustamos e incorporamos os acontecimentos da jornada, levados com presença de Deus.

## 179

*E eu, aqui, estou a morrer de fome!...* **Levantar-me-ei e irei a meu pai** (*O filho pródigo*, Lc 15, 17-18). — O que move esse filho é a *fome de filiação*. Não sente tanto a falta do pão, mas daquilo que o pão simboliza: seu pai.

Do mesmo modo, nossa refeição cotidiana nos recorda daquela casa onde nosso Pai Deus nos espera com os braços abertos. O rito de comer juntos, com os usos e convenções que o acompanham — a compra, o cozinhar, os talheres, a sobremesa —, suscita o apetite espiritual pelo autêntico «pão dos filhos»: Cristo. Uma fome que nos alimenta já ao fazer-se sentir.

## 180

**Quando deres um banquete, chama os pobres, os coxos, os aleijados, os cegos...**

(Lc 14, 13) — Ou pelo menos, quando estás com teus comensais habituais — família e amigos — pensa nessa outra classe de pobreza e doença de que podem padecer: debilidade na fé, carência de virtudes, escassez de formação, rudeza de caráter, ignorância, pecado... São outras formas de «fome», que se somam à meramente fisiológica, e que tu alivias e curas com o teu serviço. Toda refeição entre cristãos está temperada de misericórdia.

## 181

**O Reino dos céus é comparado ao fermento que uma mulher toma e mistura em três medidas de farinha e que faz fermentar toda a massa** (Mt 13, 33). — Preparar a comida é ao mesmo tempo preparar-*se* para os comensais. Cozinhar é em certo modo *cozinhar-se*, preparar o coração para quem nos espera.

## 182

A cozinha confere uma «estrutura humana» ao alimento, isto é, alma e corpo. A arte culinária faz com que a comida se pareça com quem a come.

## 183
Cozinhar é unir. É converter o alimento em vínculo entre pessoas, fazer com que muitos participem dele. É temperá-lo de comunhão, dar-lhe sabor de família. **Formamos um só corpo** — diz o Apóstolo — **porque participamos de um mesmo pão** (1 Cor 10, 17).

## 184
**Vale mais o pouco com temor de Deus que grandes tesouros com sobressalto. Vale mais o prato de verdura com amor que o boi cevado com rancor** (Pr 15, 8-9). — Esse princípio de moderação e equilíbrio preside não apenas a mesa, mas todos os usos domésticos representados por ela: a qualidade por cima da quantidade; o que une mais do que o que engorda. Pois temperado com amor, o pouco tem sabor de muito.

# SERVIR À MESA

## 185
**Bem-aventurados os servos a quem o senhor achar vigiando, quando vier! Em verdade vos digo: cingir-se-á, fá-los-á sentar à mesa e servi-los-á** (Lc 12, 37). As pessoas que servem à mesa representam Jesus Cristo de um modo misterioso. Seu ofício é figura da Redenção. Quanta eficácia terão se o fizerem em presença de Deus e pedindo pelos comensais!

## 186
**Quem é maior: o que está à mesa ou o que serve? Não é o que está à mesa? No entanto, eu estou no meio de vós como quem serve** (Lc 22, 27). — Servir a comida é acrescentar-lhe seu último condimento, o que lhe confere um sabor de *dom* e de *surpresa* que a torna definitivamente comestível e saborosa.

## 187

**Eu estou no meio de vós como quem serve.** — Quem serve leva aos comensais aquilo que os une: a comida. Do mesmo modo Cristo, sinal de unidade e vínculo de caridade, leva a si mesmo como alimento e nos põe a Salvação numa bandeja.

## 188

**Não convém que abandonemos a palavra de Deus para servir as mesas. Escolhei, irmãos, entre vós sete homens de boa fama, cheios de Espírito e de sabedoria, os quais vamos constituir para este serviço** (*Eleição dos diáconos*, At 6, 2-3). — Os primeiros cristãos entendiam a atenção doméstica, em especial aos necessitados, como um autêntico ministério apostólico, uma forma eminente de anunciar o Evangelho de Cristo e dar a sua salvação.

## 189

**Ficou no deserto durante quarenta dias deixando-se tentar... e os anjos o serviam** (Mc 1, 13). — De que modo o serviam? Um pequeno quadro da *Galleria Barberini* de Roma o explica à sua maneira. Nele se vê

Jesus sentado a uma mesa ricamente adornada, plantada em meio ao deserto; em torno dela, os anjos vão e vêm como solícitos garçons, com bandejas repletas de comida.

«Como é possível?» — pergunta-se o observador. «Jesus não tinha se retirado para o deserto para jejuar? E não foi precisamente comida o que lhe ofereceu Satanás para tentá-lO? Como ia nosso Senhor aceitar dos anjos o que rejeitou do demônio?»

E, no entanto, a simples interpretação desse quadro encerra uma profunda sabedoria. Satanás se empenhava em converter a comida em *tentação*, quando na verdade a comida é *homenagem* ao próximo em sua corporeidade. O mesmo que fez com Eva tentava agora com Jesus. E sendo essa a falácia do diabo, que melhor modo de o Senhor lhe fazer oposição do que acolhendo um esplêndido banquete? Se o diabo o tentou mentindo sobre a essência da comida, como não o servir oferecendo-lhe, com esmero e elegância, a verdade?

# 190

Na mesa preparada se percebe o «vazio» de cada comensal. A cadeira vazia evoca seu corpo, os talheres suas mãos, e o guardanapo sua boca. Ao pôr a mesa, nos adiantamos àquele que vem e ensaiamos o encontro. Fazemos com que os objetos cumprimentem quem chega: «Venha, bem-vindo, este é teu lugar».

## 191
**Tirai agora e levai ao mestre-sala** (*Jesus aos criados nas bodas de Caná*, Jo 2, 8). — Entre o milagre e seus beneficiários, Jesus pede o profissional, o perito, que pega o milagre e o experimenta para oferecê-lo aos demais.

Do mesmo modo, a administração doméstica, representada aqui pelo mestre-sala, faz as vezes de paladar de Deus. Oferece aos outros os milagres cotidianos, que ela saboreou previamente em sua oração.

# A PÁSCOA

## 192

**No primeiro dia dos Ázimos vieram ter com Jesus seus discípulos e lhe disseram: Onde queres que te preparemos a ceia da Páscoa?** (Mt 26, 17). — Onde nos salvas, Senhor? Qual é esse lugar preciso onde a terra se une ao Céu? Onde é tua *Passagem*, quer dizer, tua Páscoa?

E a resposta nos surpreende por sua simplicidade pasmante: **Ide à casa de fulano** (*Ite ad quemdam*, Mt 26, 18), quer dizer à casa de certa pessoa cuja identidade o evangelista não recorda, ou não julga necessário determinar: tanto faz. O que importa aqui é deixar claro que se trata de um domicílio *normal* de Jerusalém, o lar de uma família qualquer. E foi ali, numa casa como a nossa, onde **tendo amado os seus que estavam no mundo, amou-os até o extremo** (Jo 13, 1).

## 193

**Ide à casa de fulano e dizei-lhe: ... meu tempo está próximo, e em tua casa vou celebrar a Páscoa com meus discípulos** (Mt 26, 18). — «Meu tempo *entra* em tua casa, transformando-a a partir de dentro», diz o Senhor a todo aquele que o recebe. «Seus ritmos e pautas características — as refeições, o trabalho, o descanso, as festas — repetem-se ciclicamente, mas neles já se pressente e palpita a minha eternidade».

## 194

**Em tua casa vou celebrar a Páscoa.** — A Páscoa em pessoa, Cristo, bate à tua porta. Tua casa é o final, longamente desejado, de sua viagem. Chega a ti buscando abrigo, paz, conversa. Traz a fadiga de todos os caminhos, a fome e a sede de toda a humanidade, a impaciência por sua Cruz. Quando cruzar teu umbral, encontrará lugar onde deixar tanta bagagem?

## 195

**Sairá ao vosso encontro um homem que leva um cântaro de água: segui-o**

(Mc 14, 13). — A pista para encontrar o cenáculo é este homem anônimo: um vizinho qualquer, que recolhe água para cozinhar e limpar sua casa. Este é o *sinal de Deus*, a chave para entender seus desígnios: o trabalho cotidiano.

Segui-o — nos diz Cristo no umbral de sua Paixão. «Tomai a sério as tarefas cotidianas e participareis em minha Páscoa. Segui a *passagem* do homem e chegareis à *Passagem* de Deus».

## 196

**E vos mostrará um aposento no andar de cima, grande e mobiliado. Fazei ali os preparativos** (Mc 14, 15). — Arrumar um aposento é honrar a presença que estará nele. Mediante a limpeza e a ordem, saímos ao encontro do próximo pressentindo-o no espaço vazio e nos objetos inertes. Não somente o esperamos, mas o chamamos. O aposento pulcro e asseado diz: «Vem».

## 197

**Doravante não beberei mais desse fruto da vinha até o dia em que o beberei de novo convosco no Reino de meu Pai**

(*Última Ceia*, Mt 26, 29). — Beber entre amigos implica brindar, e brindar é profetizar. O brinde de Cristo é a própria Páscoa, à qual somos convidados na Última Ceia. Aqui e agora, Cristo nos intima ao Ali e ao Depois: da mesa da terra à do Céu; do fruto da vinha ao desfrute da Vida...

## 198

*O vinho novo do Evangelho (bodas de Caná, odres novos, Última Ceia etc.).* — Ser novo não significa que tenha poucos anos de criação, já que leva séculos na adega do Antigo Testamento. A novidade deste vinho se refere ao que celebra, que é a eternidade adiantada. O sabor é velho, mas o brinde não: **Eis que faço novas todas as coisas!** (Ap 21, 5).

## 199

**Tomou o pão e, pronunciada a bênção, o partiu...** (*Última Ceia*, Mt 26, 26). — Durante a refeição e por meio da linguagem própria dela, Cristo revela, antecipa e oferece a sua Redenção. Por isso mesmo, a arte culinária e o serviço da mesa constituem uma pedagogia de Cristo e de sua Igreja.

Aquilo que salva e vivifica é algo que se toma e se come.

## 200

**Tomai e comei.** — Assim «fala» também nossa comida cotidiana, quando está preparada e servida com carinho. Ela nos repete com *voz de sabor* a mensagem da Última Ceia, nos traz o ressaibo daquela entrega e humildade.

Símbolo por antonomásia do dom, a comida nos recorda todos os dias do que Cristo diz, faz, pede e é...

## 201

*Jesus a quem agora vejo escondido* (Hino *Adoro Te Devote*). — A finalidade do prato delicado não é perdurar no tempo, como as obras de um museu, mas justamente o contrário, ser consumido pelos comensais. E tanto maior é seu êxito quanto mais completa é sua desaparição. O prato «come», de certo modo, o cozinheiro; a obra cobre, com saboroso véu, o seu autor.

Por isso Jesus escolhe o pão para a sua obra de arte, que é a Eucaristia. E por isso o cuidadoso serviço da *mesa* é pedagogia inestimável da *missa*.

## 202

**Mas, vacilando eles ainda e estando transportados de alegria, perguntou: Tendes aqui alguma coisa para comer? Então ofereceram-lhe um pedaço de *peixe* assado. Ele tomou e comeu à vista deles** (*Depois da Ressurreição*, Lc 24, 41-43). — Um «peixe»? Não seria mais correto dizer um «pescado»*? Por que costuma traduzir-se assim esta passagem? Não será que faltou aos tradutores da Bíblia para o espanhol, nesse ponto, *sensibilidade doméstica*?

Porque a palavra «pescado» acrescenta ao conceito de «peixe» matizes preciosos para compreender a cena: evoca o trabalho de pescá-lo, conservá-lo, cozinhá-lo e servi-lo. O apetite de Jesus recém-ressuscitado com efeito, não se refere tanto à *substância* daquele modesto prato, como ao *sabor de família* que o tempera, à saborosa combinação de serviço e arte culinária com que vem apresentado. Justamente o que distingue «peixe» de «pescado»!

---

(*) Em espanhol, a palavra *pez* é usada para designar o peixe vivo, ainda na água. Já a palavra *pescado* designa o peixe pescado e morto que servirá de alimento. (N. do E.)

## 203

**Ofereceram-lhe um pedaço... Ele tomou e comeu à vista deles.** — A primeira coisa que Jesus faz ao ressuscitar é *comer as nossas sobras*. Assim quer assumir em sua Glória tudo o que nós desprezamos e esquecemos, o que contraria o nosso gosto e apetite, o que nos parece frio e insípido. O menu pascal de Cristo inclui tudo o que é humano, até a dor e a morte...

## 204

**Ao saltarem em terra, viram umas brasas preparadas e um peixe em cima delas, e pão. Disse-lhes Jesus: Trazei aqui alguns dos peixes que agora apanhastes** (Jo 21, 9-10). — Depois da Ressurreição vemos Cristo não só comendo e bebendo, mas... *cozinhando*! Assim, e não de outro modo, quis manifestar a sua humanidade gloriosa, antecipação e promessa da nossa.

# A FESTA E A GLÓRIA

## 205

**O Reino dos Céus é semelhante a um Rei que celebrou as bodas de seu filho** (Mt 22, 2). — Toda festa, qualquer que seja seu motivo, supõe uma certa aprovação de toda a criação, e portanto, de seu Criador. «Viver vale a pena!» — dizemos por meio da música, da comida, das brincadeiras. «Apesar de suas muitas misérias, este mundo é bom, por ter saído das mãos de Deus!»

É, de fato, um «sim» incondicional e enamorado, como o que os esposos trocam. Por isso, o protótipo de banquete é o de casamento. E por isso também, viver uma festa a fundo é unir-se à Igreja, Esposa de Cristo.

## 206

*O abraço, os beijos, o vestido, o anel, as sandálias o vitelo cevado, a música, os cantos*

(*Parábola do filho pródigo*, cf. Lc 15, 20-25). — Toda essa magnificência e efusão estava contida, como em sua semente, no pão desejado pelo filho. **Quantos empregados de meu pai têm pão... e eu aqui morro de fome!** (Lc 15, 17)

Por isso a sabedoria cristã sempre distinguiu entre a vã ostentação e a autêntica excelência: enquanto a primeira é subterfúgio do egoísmo, a segunda mergulha suas raízes no coração do homem, faminto de Deus.

## 207

A *diversão-lixo* confunde a *festa* com a *farra*, e nada tem a ver com a alegria cristã: a festa surge para recordar, a farra para esquecer; a festa é afirmação, a farra negação; a festa une, a farra — por mais que rodeie as pessoas de uma tumultuosa companhia — isola; a festa, enfim, é um despertar à realidade, a farra é uma droga contra ela.

## 208

A festa do filho pródigo se parece com um aniversário, pois nela também se celebra um nascimento, embora novo e espiritual: **Convinha, porém, fazermos festa,**

**pois este teu irmão estava morto, e reviveu** (Lc 15, 32).

Palpita nessas palavras a própria essência da festa, que consiste num certo «voltar à vida» e «nascer de novo». Não é possível, portanto, vivê-la a fundo sem sentir a voz do Pai, que nos chama à sua Casa e nos convida para o seu Banquete.

# 209

Nas festas familiares o lar se olha no espelho, como costumam fazer as mulheres singulares que o compõem. Nas festas, as moças se sabem *rosto da família*, e fazem bem em vestir-se com elegância e ficarem bonitas.

# 210

**Envolveu-os com sua luz** (*O anjo de Belém*, Lc 2, 9). — Pastores, ovelhas, ferramentas, arbustos, e até pedras: tudo fica envolto em luz celestial! Até o que há de mais opaco emite brilho sagrado. Nesse efeito luminoso manifesta-se a mensagem do anjo: que o Messias santifica a vida ordinária, e que as tarefas e objetos cotidianos adquirem valor divino, até (para consolo de alguns de nós) as próprias pedras...

# ORAÇÃO PARA OFERECER O TRABALHO DOMÉSTICO

Pai, que por meio do teu Filho nos preparas a morada do Céu e o banquete do Reino, aceita estes trabalhos que me disponho a realizar em tua presença, para que por eles a minha casa se converta em limiar da tua e remanso de paz onde Tu, como o pai da parábola, acolhas sempre nosso retorno e nos convides à festa da tua misericórdia.

Jesus, que em Nazaré colaboraste com Maria e José nas tarefas do lar e prometeste o Céu aos que te alimentam, vestem e atendem na pessoa dos mais humildes, ensina-me a ver-te nos membros da minha família, e a servir-te neles com a limpeza, a ordem e o esmero do meu lar, com a comida que preparo, a roupa de que cuido, a educação que ofereço, o dinheiro que administro, e tantas coisas mais.

Senhor Espírito Santo, Divino Hóspede, inspira meu trabalho para que seja manifestação externa do que Tu fazes na intimidade da nossa alma, trabalhando-a sem cessar com tua graça e embelezando-a com teus dons. Faz-me viver o lar em sua autêntica grandeza, como encarnação da família, escola de humanidade, foco de cultura e lugar de encontro contigo. Ensina-me a conjugar os talentos que me destes, e a promover a colaboração de toda a família, de modo que este trabalho seja sinal e fruto da comunhão que formamos.

Maria Santíssima, Rainha do Céu e Escrava do Senhor, tu que criaste Jesus na casa de Nazaré, faz com que Ele cresça também na minha, de modo que meus familiares O sintam próximo e O amem cada vez mais. Que contigo, minha Mãe, eu aprenda o ofício doméstico e aproveite suas possibilidades de enriquecimento pessoal e sua misteriosa virtude de salvar e sustentar almas. Que eu saiba desempenhá-lo com competência, criatividade e orgulho, sabendo que é germe e pedagogia de todas as profissões. E que o viva como tu em Nazaré, demonstrando que *servir é reinar*, e que somente alcançamos a verdadeira soberania interior dando-nos ao próximo nas coisas pequenas de cada dia.

Divina Administradora da Graça e Auxílio dos cristãos, roga por nós. São José, Chefe da casa de Nazaré e Mestre de Jesus, intercede pelos teus filhos. Amém.

# APÊNDICE

*O que são as tarefas do lar?*

O objetivo das linhas que se seguem é explicar, brevemente, o sentido de alguns conceitos empregados neste livro, tais como «trabalho do lar», «tarefas domésticas», «dona de casa», etc. Não pretendemos, logicamente, trazer nada decisivo sobre este aspecto da filosofia do trabalho, tão apaixonante como inexplorado, mas somente evitar possíveis mal-entendidos. Como se sabe, o trabalho doméstico é atualmente objeto de vivo debate social, motivo pelo qual é necessário precisar bem os termos com que nos referimos a ele.

As primeiras noções que devemos distinguir são as de *família* e *lar*, que costumamos empregar como sinônimos na linguagem ordinária. Assim, compreenderemos melhor qual trabalho é coerente com a natureza do lar, quais são as tarefas que o compõem e como e por quem deve ser desempenhado.

## A família como comunhão de pessoas

Que classe de realidade humana é uma família? Trata-se, antes de mais nada, de uma *comunhão de pessoas*, quer dizer, um tipo de relação interpessoal concreta e precisa: não vale qualquer agrupamento ou consórcio humano, nem qualquer vínculo afetivo ou jurídico entre os muitos possíveis. Podemos definir comunhão de pessoas como aquela união efetiva e afetiva que resulta do dar-se e receber-se por amor um determinado grupo de pessoas, empregando para isso o diálogo, o serviço mútuo e o intercâmbio de bens. Há diversos tipos, segundo a cultura de que se faz parte e a intensidade com que se vive; o mais perfeito deles e seu paradigma é a família. Isso não quer dizer, obviamente, que em toda família reine a concórdia. Infelizmente, como sabemos, a concórdia está muitas vezes ausente. O que se quer dizer aqui é que os vínculos que se dão na família, quando se mantêm sadios, tendem a desdobrar-se desse modo concreto e apresentam uma raiz natural e uma importância psicológica que os torna únicos.

Em que consiste essa *estrutura natural* da família? Quais são seus elementos perenes, para além das suas inumeráveis modalidades e manifestações? O que distingue essa «comunhão de pessoas» de todas as outras? A resposta pode resumir-se em três princípios, que se cumprem invariavelmente em toda família autêntica:

1) *Aceitação incondicional*. Significa que a família é o lugar por excelência onde se aceita a pessoa não pelo que faz, diz, pode, quer, sabe, etc., mas por ser quem é.

2) *Maternidade espiritual*. Quer dizer que no seio da família há uma abertura radical à vida humana, que abarca todos os seus aspectos: procriação, desenvolvimento físico, educação psicoafetiva, socialização, instrução básica, etc., e que envolve todos os seus membros, mesmo os pais. Podemos dizer assim que na família todo homem está em certo modo *por nascer*, vive um *nascimento espiritual incessante*, de modo que o lar atua como uma *grande mãe*: depois de nascer da mãe-mulher, a pessoa necessita assumir sua humanidade nascendo da mãe-lar.

3) *Complementaridade homem/mulher*. Trata-se daquela dimensão da pessoa em virtude da qual homem e mulher existem ordenados um ao outro, e somente alcançam sua plenitude assumindo e valorizando o sexo oposto, cada um segundo a sua particular vocação. Não se trata, pois, de uma complementaridade *psicológica* entre homem e mulher, como a que tanto se exaltava na primeira metade do século XX, mas *ontológica*, relativa ao modo distinto que ele e ela têm de ser *pessoa*. É essa complementaridade, e não o mero encaixe afetivo, que pertence à estrutura da família. Desde sua raiz, que é o matrimônio, estende-se às demais relações intrafamiliares (pai-filha, mãe-filho, irmão-irmã), imprimindo nelas respeito e admiração pelo sexo oposto. O que não quer dizer, obviamente, que o *modo de viver* a complementaridade na relação conjugal seja o mesmo que nas relações de filiação ou fraternidade. De fato, enquanto o pacto conjugal se estabelece *em função* da complementaridade, as outras relações têm lugar *contando com ela*, sem que esse aspecto seja o decisivo. Noutras palavras, conta-se com a *condição sexuada*, mas respeitando delicadamente a *função*

*sexual*, que pertence à situação pessoal de cada um.

O que sim é relevante na estrutura da família é que nela a complementaridade é vivida como *dívida inata com o sexo complementar* e se aprende a ser homem ou mulher respeitando, fomentando e celebrando o sexo oposto.

Esses três princípios especificam a comunhão de pessoas de que falamos, e faltando algum deles não há, em rigor, família. Não se quer dizer que as três condições — incondicionalidade, maternidade e complementaridade — sejam cumpridas sempre com perfeição, mas que atuam como tendências estáveis subjacentes à multiforme atividade familiar, organizando-a de um modo peculiar.

## *A família como tarefa: as artes domésticas*

Vista em seu interior, em sua atividade interna e suas relações íntimas, a família é *lar*.

Poderíamos definir *lar* como a forma de vida própria da família, seu modo concreto de existir e realizar-se historicamente. O lar se configura como um corpo vivo, com estilo e personalidade próprios, que palpita em cada um de seus membros, cresce e evolui com eles, assimila suas diferenças mediante o diálogo, adapta-se às dificuldades de cada biografia, e compartilha alegrias e penas orientando-as para o fim comum.

Tudo isso ocorre mediante um variadíssimo leque de atividades informadas por um mesmo espírito: são o que chamamos comumente *tarefas domésticas*. É frequente defini-las em termos sociológicos, pondo em destaque suas semelhanças com uma empresa. Mas essa posição, a nosso juízo, é inadequada, pois simplifica drasticamente a realidade. No final das contas, é a empresa que deve enxergar-se na família, e não o contrário. Por outro lado, as categorias domésticas ainda não se encontram bem perfiladas do ponto de vista antropológico, motivo pelo qual se torna difícil falar delas com precisão. Por conseguinte, temos de conformar-nos, se não com uma definição das tarefas domésticas, pelo menos com uma descrição a mais ampla possível.

Digamos, pois, que as tarefas domésticas são aquela complexa trama de serviços, competências, habilidades, costumes, encargos, tradições, ritos, etc., com os quais o lar toma consciência de si, une-se organicamente, mantém sua continuidade histórica e celebra sua beleza.

Por ser sinal e fruto da família, ditas tarefas trazem em si como que o selo da comunhão de pessoas e se inspiram, consciente ou inconscientemente, nos três princípios enumerados antes: incondicionalidade, maternidade e complementaridade.

Em virtude do *princípio de aceitação incondicional*, as tarefas domésticas possuem um caráter dialogal: nelas *é muito mais o que se diz do que o que se faz*. Inscrevem-se numa relação de tu a tu, na qual os membros têm um nome e um rosto bem concretos. Mediante os usos e objetos domésticos se inicia uma *conversa incessante*, modulada segundo os espaços, ritmos, qualidades, sabores e sons característicos do lar, na qual se diz sem palavras: «Tu aqui és tu mesmo, vales por ser quem és». A tradução prática dessa mensagem é, no sentido mais autêntico da palavra, *serviço*. O serviço no lar nunca é servil, degradante ou alienante, nem sequer é um serviço *exclusivamente* profissional, mas é a resposta cabal e exata à dignidade da pessoa, ou seja, um *serviço soberano*. Requer, por isso mesmo, criatividade e engenho, porque a pessoa é por si inabarcável e incessante, demanda excelência moral e estética: a pessoa como tal somente pode expressar-se artisticamente. Por outro lado, essa aceitação não seria de todo incondicional e, portanto, o serviço não seria de todo pleno, se não fosse recíproco: «Te aceito por ser quem és, porque sei que tu me aceitas por ser quem sou». Embora muito esquecida, infelizmente, a reciprocidade é um traço genuíno das tarefas domésticas que deriva de sua índole comunitária. Isso significa que a pessoa deve responder aos serviços domésticos com outros, também domésticos, embora não sejam exatamente os mesmos. Não basta ao marido «trazer dinheiro para casa», o que sem dúvida é um grande serviço; ele deve «entrar» na conversa doméstica cujo idioma peculiar são «as coisas da casa», os trabalhos do lar.

Segundo o *princípio de maternidade espiritual*, todas as tarefas domésticas se inscrevem naquele âmbito de valores que João Paulo II denominou *genealogia da pessoa* (*Carta às famílias*, n. 9). Essa expressão significa que a procriação humana nunca é puro processo biológico, mas instaura uma autêntica *relação pessoal*, um diálogo entre os pais e o filho: transmitir a vida é chamar alguém por tu. E esse mesmo diálogo é o que prossegue com a educação e se manifesta, em geral, na vida familiar. É a essa luz que as tarefas domésticas adquirem seu verdadeiro valor como modo em que se concretiza e desenvolve este *nascimento integral*, que é o lar. Por meio delas, com efeito, assumimos nossa humanidade como tarefa, e por assim dizer, *insistimos em nascer*. Essa virtude materna das tarefas domésticas adquire especial transparência na pessoa da mãe. É lógico, pois, que ela assuma um papel especial na planificação e supervisão deste trabalho, ou pelo menos em sua inspiração remota, sem que isso implique fazer tudo sozinha na prática. Trata-se de conciliar o plano simbólico, em que a mulher funciona como representante e alma do lar, e o plano prático, no qual estas tarefas correspondem *à família inteira*, como sujeito comunitário. O discernimento e equilíbrio de ambos os planos, como sabemos, não é nada fácil, e sua confusão ocasiona graves prejuízos para a convivência familiar e dolorosas incompreensões para a mulher.

O *princípio de complementaridade* informa as artes domésticas, pois estas entranham uma *pedagogia da condição sexuada*. Por meio delas, com efeito, homens e mulheres aprendem a relacionar-se como tais e pagam com obras a *dívida inata* pela qual estão ordenados reciprocamente. Esse princípio radica, como dissemos antes, em seu sujeito comunitário, que é a família, e preside o modo de distribuir as tarefas, compartilhá-las e executá-las. De acordo com ele, a divisão das tarefas é feita tendo-se em conta, não somente as circunstâncias externas do sujeito, mas também as peculiaridades físicas e psicológicas de cada sexo, seu gênio e sensibilidade distintos. Estes ganham especial destaque nas tarefas que afetam a intimidade corporal, como o cuidado da roupa, os objetos e lugares de asseio, a educação psicoafetiva, etc. Nesse âmbito o princípio de complementaridade se manifesta no cultivo do pudor, que é expressão de respeito e admiração mútua.

Esses traços são os que configuram, a nosso juízo, a fisionomia dos trabalhos domésticos a partir de uma ótica personalista. São o pressuposto antropológico para uma consideração propriamente espiritual. À luz da fé, com efeito, o lar, com as tarefas que lhe são próprias, aparece como sinal e antessala da outra família, a de Deus: a comunhão com o Pai, no Filho pelo Espírito Santo. Nela ingressamos paulatinamente e misteriosamente, quando nos ocupamos com espírito de fé nas coisas da casa.